COTTA'S BIBLIOTHEK DER MODERNE

GOTTFRIED BENN
EGMONT SEYERLEN
BRIEFWECHSEL
1914 – 1956

Herausgegeben von
Gerhard Schuster
Cotta's Bibliothek
der Moderne

BRIEFWECHSEL
1914 – 1956

1 BENN AN SEYERLEN

[Berlin, 18. März 1914]

Lieber Herr Farussi! Ich schicke Ihnen meine Gedichte.
Ich habe nichts ganz fertig und ehe ich mir nicht die
Meerfahrt und einige neue Himmel habe über das Gehirn
spülen lassen, wird es auch nichts.

Also Montag Nachmittag, sagt Wolfenstein, bei Cassirer.
Herzlichen Gruss.

Benn.

2 BENN AN SEYERLEN

Seyerlen,
dem treuen der
Feindlichen Brüder
und
Frau Vera Violetta
und
den beiden Doggen
von
Benn.
20. V. 22.

[Widmung in ›Die Gesammelten Schriften‹. Berlin: Erich
Reiss 1922]

3 BENN AN SEYERLEN

[Bildpostkarte: Stubbenkammer
auf Rügen. Kleiner Königsstuhl]
27.8.22. Sonntag

Wir wenden Deutschland den Rücken u. uns einem neuen
Leben zu. Adolf raucht und schmatzt schon nicht mehr.
Tausend Grüsse!

Bernhard u [von fremder Hand] Adolf.

4 BENN AN SEYERLEN

d'Annunzio: Lust erhalten.
14/9 22.

Benn.

5 BENN AN SEYERLEN

[Berlin] 6. IV 23.

Lieber Egmont, vielen Dank für Ihren Brief u das Geld.
47.900 M. stehen zu Ihrer Verfügung, ich bin viel zu simpel,
um einerseits mit jemandem befreundet zu sein u. andrer-
seits ihn geschäftsmässig zu betrachten. Ich bin eine primi-
tive Natur, ich denke entweder – oder. Entweder ist man
befreundet, dann schwindelt man seinem Freund nichts
vor, man hat genug andres heute zum Schwindeln. Besonders nicht, wenn dieser Freund in allem indifferent ist,
ausser in seinen persönlichen Beziehungen.

Sollten Sie das Geld nicht zurücknehmen, sicherlich als

Fonds für mich Allein in der Regensburgerstr. 26 an einem
zu verlebenden Abend in bekanntem Stil!

Also, auf Wiedersehen! Ihr

Benn

6 BENN AN SEYERLEN

[Eberbach] 3. VII. 23.

Viele Grüsse, lieber Egmont, aus der Sommerfrische. Wir
führen ein hübsches Stück auf: die Primadonna und das
Spielzeug, beide Rollen sind in besten Händen. Der Text ist
aus Hamlet: kurz wie Frauenliebe, die Musik aus Bajazzo,
das Ausgangsmotiv ist: Donna e mobile. Wir grüssen Sie
schön!

Ihre: Benn u. Yolla
Gruss v. Dora.

7 BENN AN SEYERLEN

[Berlin] 16. VII 23

Lieber Egmont, ich möchte Ihnen einmal aussprechen, wie
dankbar ich Ihnen bin, dass ich Ihnen von meiner Sache
mit Frau O[vergaard] erzählen kann u dass Sie es sich so
liebevoll u verständnisvoll anhören. Es war so anständig
von Ihnen heute, dass Sie auf meine Frage was ich jetzt
ohne Frauen machen solle, sagten: »Keusch bleiben« –
vielen Dank für Ihre feine Art, diese Sache zu sehen. Helfen
Sie mir bitte weiter, die Sache geht mir sehr nahe. Jetzt vor
1 Jahr litten Sie so sehr u. ich war bei Ihnen. Dieses Jahr
revanchieren Sie sich bei mir – tausend Dank!

Auf Wiedersehen am Donnerstag! Ihr

Benn

7

[Berlin, 17. Juli 1923]

Herr Seyerlen!
Ich habe Sie um 10^{45} kontrolliert u. nicht vorgefunden.
Habe sofort nach Stammhaus Elberfeld gemeldet. Bitte
sofort um Aufklärung: Alcohol oder coitus.

    Kontrolleur von Sch[lösser] u Cr[amer].

Be.

9 Benn an Illo Winter

[Berlin] 24. XII 23.

Sehr verehrtes gnädiges Fräulein!
Ihnen u. Egmont tausend Dank für Ihr reizendes Weihnachten, das Sie mir geschickt haben. Welche Überraschung für den einsamen Mann, welche Fülle von Char-
mantheiten haben Sie beide um ihn gebreitet! Da ist ein
Etui aus *rotem* Leder, wie für einen besseren Herrn, wie für
eine Art von Erscheinung der Gesellschaft, die wiederholt
beruflich oder privat in ihre Brusttasche zu greifen hat,
gewissermassen ein nicht unbeachtlicher Mittelpunkt, um
den sich mancherlei gruppiert – da ist eine Flasche Cham-
pagner, nicht übertrieben die wogende Lebensfreude, der
Seele Überschäumen an sich, da ist dieser süße Teller mit
Mohnkuchen u. Früchten wie zu Hause vor 20 Jahren, wo
man einen Schlips, einen ripsenen, zu Weihnachten bekam,
den man sich genierte zu tragen, u. wenn es hochkam noch
ein Buch »Wie wird der Jüngling seinen Weg unsträflich
gehn« – ach, da ist noch sovieles u. alles angeheftet an den
kleinen Tannenbaum, der es kaum tragen kann u. alles mit

so hübschen sauberen und z. T. bunten Bändern angeheftet, schwarzweißroten u. nur weißen, es liegt u. steht jetzt
alles um mich herum u. nun stecke ich einen kleinen
Tannenzweig an, dann wird es gleich so unbeschreiblich
riechen wieder wie zu Hause, long long ago, aber: keine
Schwalbe bringt Dir zurück, wonach du weinst, – und man
hat graue Schläfen u ein Telegramm in der Jacke, auf dem
steht: »Herzliche Weihnachtsgrüsse in tiefer Liebe«, aber
das ist alles Phrase, denn da steht ein grosser Baum auf
einem schwarzen Marmortisch vor einem Kamin, u. man
isst eine Reisspeise, in der ist *eine* Mandel u. wer sie auf den
Teller bekommt, erhält ein Geschenk (Julspiele) u. viel
Welt ist da u. die Köchin u Gärtner bekommen jede Woche
3 x Fasanen und Wild u. die Hunde täglich Milchreis mit
Sahnesauce u. das Haus steht am Meer u. Tag u. Nacht
schlägt das Meer an die Ufer des Gartens das Sinnlose u
das Unaufhörliche. Das ist wohl Grund genug für allerlei
Kummer. Leben Sie wohl, viele Grüsse an Egmont u.
tausend tausend Dank!

Ihnen küsst die Hand Ihr ergebenster

Benn.

10 BENN AN SEYERLEN

Egmont Seyerlen
von seinem Freund
2/4. 24.

Gottfried Benn

[Widmung in: ›Schutt‹. Berlin-Wilmersdorf: Alfred
Richard Meyer 1924]

11 BENN AN ILLO WINTER UND SEYERLEN

[Bildpostkarte:
Hahnenklee/Oberharz, Dorfstraße]

An I. u E tausend Grüsse von E. u. G.
24. VI. 24

12 BENN AN SEYERLEN

[Berlin] 8. I. 25

Lieber Egmont, wenn Sie mal einen Abend nichts vorha-
ben, kommen Sie zu mir zum Essen. Meine Affäre ist zu
Ende. Ich muss tauchen u. vergessen. Wie habe ich sie
geliebt! Ihr

Benn

13 BENN AN SEYERLEN

[ohne Ort und Datum]

Schon gut, Sie treuloser, unzuverlässiger, undurchsichtiger,
unaufrichtiger Importeur, Fänger, Olga favorit, Grune-
waldflaneur, Litteratenpousseur u. Husarengeneral. 9. Kapitel aus »Frühlingsweben« schon erledigt? Alter Samm-
ler!!

Be

[Bildpostkarte: Paris. Perspective de la
Rue Soufflot et du Pantheon. März 1925?]

Je m'amuse! Oh-la-la!
                    Benn.

15 Benn an Seyerlen

[November 1931]

Egmont Seyerlen,
der reizvollen Combination von Rathenow-Husaren u.
Einödsbauern zum Gedenken an eine zwanzigjährige
Kameradschaft.
                    Gottfried Benn.
Uraufführung am 21. XI. 31. in der Berliner Philharmonie
unter Klemperer.

[Widmung in: ›Das Unaufhörliche‹. Oratorium von Paul
Hindemith. Text von Gottfried Benn. Mainz: B. Schott's
Söhne 1931]

HEINRICH MANN

Seyerlen in alter Freundschaft

FÜNF REDEN UND EINE ENTGEGNUNG

ZUM 60. GEBURTSTAG

23 V. 32

GESPROCHEN VON

PROFESSOR Dr. MAX LIEBERMANN

KULTUSMINISTER ADOLF GRIMME

PROFESSOR Dr. THOMAS MANN

HEINRICH MANN

Dr. GOTTFRIED BENN

Dr. LION FEUCHTWANGER

GUSTAV KIEPENHEUER VERLAG

12

[Berlin] 27 II. 33

Lieber Seyerlen,

Dank Ihnen sehr für Ihren Brief. Allerdings habe ich Ihre gütige Einladung nicht anzunehmen gewagt, wie kann ich armer Hautarzt, Sohn der Niedrigkeit, Tagelöhner in Geschlechtskrankheiten, aus der Hand in den Mundleber, mich einem Gutsbesitzer, Inhaber von Feld und Wald, Gebieter über Knechte und Mägde, sozusagen Feudalangehörigem, Standesherren als Besuch zumuten, der doch gewiss andren, kapitalistischen Besuch gewöhnt ist und sein darf.

Alle Ihre Fragen kann ich Ihnen nicht beantworten da ich ja Bayern überhaupt nicht kenne, auch seine Ärzte nicht. Aber Sie fragen ja auch garnicht, um eine Antwort diesbezüglich zu erhalten, da Sie ein Mensch sind, der immer alles anders macht, als man es ihm rät und vorschlägt.

Was die Krankenschwester angeht, kommt natürlich nur eine sehr liebliche in Frage. Alles andere ist ekelhaft. Was soll sie eigentlich bei Ihnen? Ich hatte kürzlich die Grippe in unangenehmer Weise und musste mir eine leisten, ich fand, dass sie mir eigentlich nur die Apfelsinen schälte und im Übrigen Arbeit machte, unterhalten sein wollte und am Tag 8 Mark kostete. Wenn man dagegen rüstig ist, wie Sie, und auch andere Dinge von ihr erwarten darf, rentiert es doch vielleicht.

O Egmont, als ich gestern meinen einsamen Sonntag verbrachte, zart und schweigsam, gedachte ich gerade Ihrer und Ihrer schönen Namen: Lamoral Farussi und ich dachte darüber nach, wie der Held in Ihrem herrlichen

Roman hiess, der mir so viele Stunden des Genusses und der Ergriffenheit in meiner Jugend verschaffte. Aber ich fand ihn nicht mehr. Was Ihre Gesundheit angeht, so gehn Sie vielleicht eine Woche in ein Sanatorium, damit man erst mal feststellt, was denn mit Ihnen los ist. Sicher doch nur Neurose; Therapie Selbsterziehung und Erotik in freien Strömen; je origineller übrigens einer ist, um so mehr Angst und Neurose hat er natürlich, der Mittelstand hat Anginen und Oberschenkelbrüche und altert früh dahin. Der Neurotiker pflegt ein hohes Alter zu erreichen.

Hier herrscht Angst und Schrecken in der Literatur. Die Verläge senden ihre anrüchigen Bücher nach Wien ins Depot und wissen von Nichts; die Autoren sitzen in Prag und im Ottakringer Bezirk und derwarten das Vorbeigehn der Episode. Was für Kinder! Was für Taube! Die Revolution ist da und *die Geschichte spricht*. Wer das nicht sieht, ist schwachsinnig. Nie wird der Individualismus in der alten Form, nie der alte ehrliche Sozialismus wiederkehren. Dies ist die neue Epoche des geschichtlichen Seins, über ihren Wert oder Unwert zu reden ist läppisch, *sie ist da*. Und wenn sie nach zwei Jahrzehnten vorüber ist, hinterlässt sie eine andre Menschheit, ein anderes Volk. Hierüber rede ich mir den Mund fusselig, die Linksleute wollen es nicht wahrhaben. Siehe oben: Kinder und Taube. –

Leben Sie wohl, lieber Egmont, Freund der Jugend. Wenn wir über 45 sind, ist der Spass vorbei für die Männer unseres Geschlechts, man spürt noch eine Weile an seinem Kadaver herum, nimmt das ein, unterlässt jenes, aber im Wesentlichen sind wir fertig. Ein neues Geschlecht wächst heran, ein uns sehr fremdes, möge es sich eine glücklichere Geschichte, eine frohere Zeit, ein anständigeres Volk heranzüchten und bilden als wir es hatten. Wir wurden zu sehr von alten steifen Strebern geführt; diese wachsen arm heran, das wird ihr Glück sein und ihre Stärke.

Ich nehme sehr stark Abschied von mir und allem, aus dem wir wurden und das uns schön und lebenswert erschien. Ich schliesse mit dem meiner Verse, der mir der liebste ist und der tiefste erscheint, Ihnen ins Gästebuch:

»Leben ist Brückenschlagen über Ströme, die vergehn.«

Immer in Freundschaft Ihr alter

Benn

18 BENN AN SEYERLEN

[Berlin, 25. April 1933]

Immer wieder in die Front . . .
Dem alten Kameraden Seyerlen

Benn

[Widmung auf: ›Der neue Staat und die Intellektuellen‹. In: Berliner Börsen-Zeitung. Unterhaltungs-Beilage Kunst – Welt – Wissen. Nr. 96 vom 25. April 1933, S. 1f.]

19 BENN AN SEYERLEN

– Termopylae –
Weihnachtsgruss 1933
für Egmont Seyerlen
von
Gottfried Benn

[Widmung in Wilhelm Westecker: ›Bei den toten Kameraden. Reise an die Westfront‹. Sonderdruck aus der ›Berliner Börsen-Zeitung‹. Berlin: August 1933]

U. N. S.
UNION NATIONALER SCHRIFTSTELLER

SEKRETARIAT: BLN.-FRIEDENAU
GUTSMUTHSSTR. 10. TEL.: WAGNER 0778

DIE U. N. S. (UNION NATIONALER SCHRIFTSTELLER)
BITTET IHRE MITGLIEDER MIT IHREN DAMEN UND IHRE FREUNDE
ANLÄSSLICH DES BERLINER AUFENTHALTS VON

EXC. DR. F. T. MARINETTI (ROM)

DES PRÄSIDENTEN DES ITALIENISCHEN SCHRIFTSTELLERVERBANDES
UND MITGLIEDS DER KGL. ITALIENISCHEN AKADEMIE

ZU EINEM EMPFANG MIT EINFACHEM ABENDESSEN AM DONNERS-
TAG, DEM 28. MÄRZ, ABENDS 8 UHR IM FESTSAAL DES HAUSES DER
DEUTSCHEN PRESSE, TIERGARTENSTR. 16
ANSPRACHEN: GOTTFRIED BENN, F. T. MARINETTI

PREIS DES EINFACHEN GEDECKS
OHNE GETRÄNKE MK. 2.—
GESELLSCHAFTSANZUG. UNIFORM
UM SOFORTIGE ANTWORT WIRD
GEBETEN

I. A.
GOTTFRIED BENN
RAINER SCHLÖSSER
VICEPRÄSIDENTEN

21 Benn an Seyerlen

Egmont Seyerlen,
in alter Freundschaft.
[Hannover] XII 35   Gottfried Benn

[Widmung in: ›Gedichte‹. Das Gedicht. Blätter für die
Dichtung. Hamburg. Jg. 2, Folge 7, Januar 1936]

22 Benn an Seyerlen

2. V. 1886. – 2. V. 1936.
Egmont Seyerlen
als Siegel einer alten Kameradschaft.
                          Gottfried Benn.

[Widmung in: ›Ausgewählte Gedichte 1911–1936‹. Stutt-
gart/Berlin: Deutsche Verlags-Anstalt 1936]

23 Benn an Seyerlen

                          [Hannover, Arnswaldtstr. 3]
                          18. VII 36.
Lieber Egmont,
ich werde mich freuen, Sie zu sehn.
Meine Adresse ist die obige.
Meine dienstliche Telefonnummer: 44 181. Apparat 52.
Meine private zu Haus: 39324.
    Herzlichen Gruss Ihr

                                          Benn

[Hannover] 26. XII 36.

Lieber Egmont,

Ihr Brief war mir eine sehr grosse Freude! Haben Sie vielen Dank für die freundlichen Weihnachtsgrüsse. Auch ich denke oft an Sie und unser letztes Zusammensein hier, wo Sie so feudal mein Gastgeber waren, ich ein Paprikagoulasch ass, unbescheidenerweise. Ich denke auch oft an alle die Jahre, die uns zusammen gehören, unsere Zeit, 1912–1936, chaotische, aber sehr tiefe und leuchtende Zeit. Hier ist ein Passbild von mir, für den Truppenausweis, nicht schön, aber: – – – – –

Stammtruppenteil: 2. Garde Rgt. zu Fuss, am Helm den Spruch der preussischen Garde: semper idem –, immer derselbe: so werden wir bleiben, denken, kämpfen, fallen. –

Den Gedichtband, den ich Ihnen im Mai sandte, musste ich ja nun doch verändern: 7 Seiten mussten entfernt werden. Ich habe sie durch neue Gedichte ersetzt. Wer kein Troglodyth ist, sieht, dass das Buch geistig dadurch vom Regen in die Traufe gekommen ist, aber wie gesagt: geistig. In dieser Form darf es »stillschweigend und ohne Propaganda« vertrieben werden. Hier sind die 7 Gedichte, aus der Korrektur, mein Weihnachtsgeschenk für Sie.

Ich verbrachte die Festtage ganz für mich. Heizte selbst, trank in der Küche Cafe, ass da, las Balzac, meine neueste grosse Liebe u. Bewunderung, *Rowohlt* hatte mir neue Bände geschickt. Also angenehme Festtage. Habe hier jetzt auch eine reizende Favoritin, der ich echt englisches Lavendelbadesalz von Yardley aus der Bond street u. die neueste Création von Pathou: »amour, amour« zu gemeinsamem Genuss verehrte.

Im Übrigen bin ich jeden Tag bereit, abzuschliessen, die Bude zuzumachen, mich in die rituell bewährte Kirchhofs-erde zu begeben. – Ihnen alles Gute, Glück u. immerwäh-rende Freundschaft von meiner Seite! Ihr

Benn.

[Beilage: Inhaltsverzeichnis und zweiter Aushängebogen (S. 17–32) der im November 1936 veröffentlichten ›Ausgewählten Gedichte 1911–1936‹ (Stuttgart/Berlin: Deutsche Verlags-Anstalt); markiert sind die neu aufge-nommenen Gedichte: ›Leben – niederer Wahn‹, ›Wer allein ist –‹, ›Spät im Jahre –‹, ›Suchst du –‹, ›Auf deine Lider senk' ich Schlummer‹, ‹Anemone‹ und ›Einsamer nie‹]

25 BENN AN SEYERLEN

[Bildpostkarte: Fröhliche Ostern]

Dank für Besuch u fürstliche Einladung! Auf baldiges Wiedersehn

Ihr G.Be.

24/3/37 H.[annover]

26 BENN AN SEYERLEN

L.E. ich bin zum 1.7. nach Berlin versetzt zu einem hohen Stab. Mein Glück, wieder hier zu sein, können Sie sich denken. Wenn Sie Ihr Weg hierherführt, hoffe ich auf Ihren

Besuch. Vorläufig wird mich alles auf umstehender Adresse erreichen.

Ich hoffe, es geht Ihnen gut u Sie verleben einen erträglichen Sommer. Herzliche Grüsse Ihr alter

G.Be.

11.7.37.

Row. traf ich neulich zufällig auf der Strasse.

[Absender:] Dr. G. B. Berlin W. 35 Lützowufer 5.a. I Pension Horschan.

27 BENN AN SEYERLEN

Lieber Egmont, ich hoffe, es geht Ihnen gut. Die Angelegenheit, von der wir sprachen, ist inzwischen erledigt worden, genau wie Sie es sagten, durch entsprechende Erklärungen der betr. Stellen. Also wieder alles al right. Ich hoffe, dass Sie angenehme Ferien verleben, danke Ihnen nochmals sehr für den reizenden Abend hier und bin mit vielen Grüssen Ihr alter

Be.

[Berlin] 19. 9. 37.

28 BENN AN SEYERLEN

B. 7 XI 37.

Lieber Egmont,

ich hoffe, dass Sie Berlin nicht passieren, ohne mich anzurufen, sofern es Ihre Zeit erlaubt. Ich freue mich immer sehr, einen Abend mit Ihnen zu verbringen. Obschon ich einem Mann in Ihrer Position, Generaldirectorrang u.

Wirtschaftsführer, nichts Anregendes u. Wertgleiches entgegen zu halten habe.

Sehr hoffend, dass es Ihnen gut geht u. Sie Ihre nette
Inspectorjacke in angenehmer Gesellschaft an- u. ausziehn
u. spazieren führen, mit herzlichem Gruss der alte Krieger
u. Kamerad:

G.B.

29 BENN AN SEYERLEN

[Berlin] Bozenerstr. 20.
[28. Dezember 1937]

Lieber Egmont,
Ihr Anruf am Heiligen Abend war sehr lieb, mir eine grosse
Freude u ich danke Ihnen nochmals sehr dafür. Dank auch
für schriftlichen Gruss! Für 1938 nehmen Sie meine freund-
schaftlichsten Wünsche entgegen. Was soll kommen? Was
soll man sich selber wünschen? Ich bekam eine alte rei-
zende Ausgabe von Goethes Venetian. Epigrammen zuge-
sandt. Da lese ich:
»Weit u schön ist die Welt! doch o wie dank ich dem
    Himmel,
Dass ein Gärtchen, beschränkt, zierlich, mir eigen gehört!
Bringt mich wieder nach Haus! Was hat ein Gärtner zu
    reisen?
Ehre bringts ihm u. Glück, wenn er sein Gärtchen besorgt.«

– – –

Also: was hat ein Gärtner zu reisen? Beherzigen wir das!
Immer Ihr

Benn.

21

Die in Berlin stattgefundene Verheiratung meiner Tochter Herta mit Herrn Dr. med. Gottfried Benn zeige ich hiermit an.

Herta von Wedemeyer
geb. von Eisenhart-Rothe.

Hannover
Januar 1938.

Meine Verheiratung mit Fräulein
Herta von Wedemeyer, Tochter des auf dem
Felde der Ehre gefallenen Hauptmanns im Kaiser
Franz-Garde-Grenadier-Regiment Nr. 2, Herrn
Adolph von Wedemeyer und seiner Frau Herta,
geb. von Eisenhart-Rothe erlaube ich mir anzuzeigen.

Dr. med. Gottfried Benn
Oberstabsarzt (E) bei den Offizieren zur Verfügung
des Oberkommandos des Heeres.

Berlin-Schöneberg
Bozenerstr. 20.

*Gruss im Rück für 24 jährige Freundschaft:
1914 – 1738 ... Vollenteten Willen!*

22
I. 38.

Benn.

23

[Berlin] 28. I 38.

Lieber Egmont, haben Sie vielen herzlichen Dank für Ihren herrlichen weissen Blütenbaum, der den Hochzeitstag eröffnete u. unser stetes Entzücken bis heute ist. Dank auch für das freundliche Telegramm, das Ihr Gedenken kündete! Meine Frau dankt Ihnen sehr u. freut sich darauf, den vielfältig von mir geschilderten Lamoral bald kennen zu lernen. Ich habe eine grosse persönliche Bitte an Sie: Können Sie mir nicht ein Exemplar der »Schmerzlichen Scham« schenken oder leihen? Ich würde es so sehr gerne noch einmal lesen u. auf mich wirken lassen – nach einem Menschenalter!

Mir geht es nicht schlecht. Eine saubere Wohnung, ein appetitlicher, stiller, sehr bescheidener Mensch um mich herum – alles sehr angenehm!

Wie geht es bei Ihnen? Ich habe noch viel an Ihr Aktenstück u. Ihre Tasche gedacht! Hat mich sehr interessiert! Beschäftigt mich innerlich noch.

Tausend Grüsse. Herzlichsten Dank! Ihr

Benn.

32 Benn an Seyerlen

[Berlin] 26/VI 38.

Lieber Egmont,
haben Sie nochmals vielen Dank für Ihren Besuch u. den wunderbaren Rosenbusch! Die beiden Damen waren von Ihrer dekorativen Person einfach hingenommen u. wollten über Sie alles wissen. Meine Frau bittet sehr, ihr den

24

Roman »D. schm. Sch.« doch zum Lesen leihen zu wollen.
Können Sie uns nicht ein Exemplar senden?

Hoffentlich kamen Sie gut zurück!

Dank, Gruss! Immer Ihr

Be.

– et la guerre – va-t'il commencer?

33 BENN AN SEYERLEN

[Berlin] 24. 7. 38.

Lieber Egmont,

Dank für Brief! Bitte nicht nachlassen im Suchen nach Sch. Sch. Interesse ist echt.

September – angenehme Aussicht, Sie hier zu sehn! Also *Er* kommt, nach meinen Eindrücken in der zweiten Hälfte des August, wenn der Blick des Sommers schon gebrochen ist, im Lieblingsmonat der Zerstörer . . .

Tausend Grüsse, auch an Madame, Ihr

G.B.

34 BENN AN SEYERLEN

[Berlin] 8. XII 38.

Lieber Egmont, haben Sie beide nochmals vielen Dank für Ihren Besuch u. die schicke Einladung u. den netten Abend! Nehmen Sie nochmals unsere herzliche Gratulation zu Ihrer Heirat entgegen. Gut, dass Sie es taten! Und Ihre reizende Gattin! Sie hat uns beiden so sehr gefallen.

Hoffentlich sehen wir uns bald wieder.

Alles Gute für Sie Beide. Frohes Weihnachten. Und die Schm . . . Sch?? Bitte! Der grosse Dessauer möge uns nicht vergessen!

Gruss von und an Gattin und Handkuss von mir
Herzlich Ihr

G.Be.

35 BENN AN SEYERLEN

[Berlin] 19 III 39.

Lieber Egmont, wir haben solange nichts von Ihnen gehört, wir vermissen das sehr! Allerdings haben wir Ihr Buch. Erst noch einmal ganz gelesen, dann einzelne Stellen gemeinsam geschlürft! Grosser Zauberer! Dank. Meine Frau bedankt sich Extra.

O Erinnerungen an 1914, März, Salon C.[assirer]! Ein weiter Weg. Wenn ich nur mehr Ruhe hätte, noch einmal einen Überblick von da bis heute zu beschreiben.

Wie gehts? Vergessen Sie uns nicht, wenn Sie in Berlin sind u. bringen Sie Ihre Frau mit!

Immer – an Sie Beide – Grüsse Ihres

B.

36 HERTA BENN AN SEYERLEN

[Berlin] 28. 3. 39.

Sehr verehrter, lieber Herr Seyerlen,
Wie soll, wie kann ich Ihnen danken für das fürstliche Geschenk, das Sie uns mit Ihrem Buch gemacht haben? »Eines unnahbar Einsamen blutschwere Erschauungen sind das.« Unmöglich, Ihnen zu schildern, unter welchem

Bann ich mich beim Lesen befand und welch tiefer Eindruck in mir geblieben ist.

Haben Sie nochmals vielen vielen Dank, sehr verehrter
Herr Seyerlen.

Mit vielen Grüßen für Sie und Ihre liebe Frau und in der
Hoffnung, Sie bald zu sehen, Ihre

Herta Benn.

37 Benn an Seyerlen

[Berlin] 10. 4. 39.

Lieber Egmont,
wie stehts mit der Burg? Ein Geschäftsbrief: wir möchten
Ihnen die Burg im Juni für 14 Tage abmieten. Nur da
schlafen u. Café trinken. Sonst nicht kochen. Vielleicht
meine Frau allein. Lassen Sie Ihre Frau dann auch 14 Tage
Ferien machen u. die beiden Damen zusammen da hausen.

Aber nur, wenn es ordnungsgemäss bezahlt wird. Sonst
nicht. Bitte schreiben Sie uns, ob es geht.

Wie war Ostern? Sicher waren Sie in Tittmoning? Bald
steigen die neuen Aktionen!

Herzliche Grüsse, alter Freund! Dank für letzten lieben
Brief. Grüsse an Frau Gusti! Ihr

Be.

38 Benn an Seyerlen

B. 26 V 39.

Mein lieber Egmont, haben Sie von uns beiden herzlichen
Dank für Ihr langes Schreiben über Ihre Burg, für Ihr
freundliches Entgegenkommen gegen unsere aufdringlich

vorgebrachten Wünsche, für Ihre gütige Genehmigung, in Ihrem Heim zu wohnen. Inzwischen aber haben sich unsere Pläne nicht verwirklichen können. Einmal weil ich aus dienstlichen Gründen zur Zeit schon in Urlaub gehn müsste, dann wegen des Wetters, das nicht zu reisen lockt, dann auch, weil ich wieder eine Vertretung hier übernommen habe, die mich bindet, bei der ich verdiene u. die die Anwesenheit meiner Frau in der Wohnung erfordert, da ich in der anderen Praxis bin u. meine kleine eigene versäumen muss. Also auch meine Frau kann nicht fort, solange ich die Vertretung mache. Wir danken Ihnen und Ihrer Frau sehr aufrichtig für freundliche und verlockende Erlaubnis.

Sie flechten in Ihrem Brief in vornehmer Weise wie selbstverständlich ein, dass Sie nun auch einen Wagen besitzen, natürlich, die Herren Wirtschaftsführer! Sehr bedauerlich aber ist es, dass Sie nicht mehr nach Berlin kommen. Das geht garnicht, finden wir. Wir vermuten sogar, dass Sie herkommen, aber uns schneiden, da unsere Verpflegung und Aufwartung nicht würdig war. Tragen Sie uns das nicht nach u. kommen Sie bitte wieder, mit Ihrer Frau.

Wo sind Sie Pfingsten? Wir sind friedlich zu Hause u. lesen, u. ich sitze an neuen Arbeiten.

Viele Grüsse an Frau Gusti von uns beiden u an Sie.

In alter Freundschaft Ihr

Benn.

Und nochmals Dank!

[Berlin] 31. X 39.

Lieber Egmont, im November haben Sie Geburtstag. Datum weiss ich dank Ihrer verbrecherischen Heimlichtuerei nicht. Aber auf jeden Fall herzliche Glückwünsche dazu!

Bei Ihrem letzten Hiersein waren Sie ernst und müde. Das tat mir u. Madame sehr leid. Aber wir sind es auch u können keinen aufheitern.

Inzwischen bin ich befördert, also jetzt Oberstleutnant (Oberfeldarzt). Ganz angenehm in Anbetracht der Widerwärtigkeiten, die vorausgegangen waren im vorigen Jahr.

Meinen alten 83jährigen Vater haben wir 8 Kinder vorige Woche beerdigt. Ein ungewöhnlich lieber u. anständiger Mensch, eine reine Seele, dörflich und still. Wir haben ihn in den kleinen Ort überführt, wo er lange wirkte u. in der Kirche aufgebahrt, wo er 30 Jahre predigte. Es war ein feierlicher schöner Tag, ein grosser See am Ort, wunderbarer Frieden. Meine Mutter liegt dort auch, die 1912 starb.

O Egmont! Auf dem Zifferblatt der Sonnenuhr in dem Pyrenäenort las ich den Spruch, der unvergesslich ist: »vulnerant omnes, ultima necat.« Die Stunden, also: »alle verwunden, die letzte tötet.« Und auf einem Grab auf dem Père-Lachaise nichts als: »*Tu sais!*«

Gutes neues Jahr! Immer Ihr

Benn.

Gruss an Gusty!
Madame ist verreist. Ich bin einsam . . .

[Berlin] 23 XII 39.

Lieber Egmont, ein gutes Fest Ihnen beiden u. Neujahr! Weitere Hoheiten auf der Burg? Dank für Brief aus November!

Sass kürzlich eine Stunde auf dem Münchener Hauptbahnhof, von 19–20, konnte Sie leider nicht benachrichtigen, musste sofort weiter Salzburg-Graz u. fuhr über Wien zurück. Dachte sehr an Sie, blickte nach Ihnen aus, trank auf Ihr Spezielles einen Terlaner Burgunder (weiss), ass einen Fisch.

Wie sieht es bei Ihnen aus? Ist die neue Wohnung angenehm? Was wird 1940 bringen? Überraschungen! Hoffentlich giebt es bis Schluss des Jahres Alcohol.

Wenn Sie einen Blick in ein Buch werfen wollen, so tun Sie es mit: Frederic *Prokosch*: Sieben auf der Flucht. (Rowohlt-Verlag.) Recht interessant; jetzt erschienen.

Der Plunder von heute wird die Kostbarkeit von morgen sein . . .

Tausend Grüsse an Frau Gusti u. Sie, alten Kämpen. Vergessen Sie uns nicht u. kommen Sie bald wieder vorbei! Bitte!

Herzliche Grüsse Ihr alter

Be.

[Berlin] 21. IV 40.

Lieber Egmont, während Ihre schönen Rosen noch blühn, will ich Ihnen sagen, wie sehr sich meine Frau und ich immer über Ihre Besuche freuen und wie wir bedauern,

Ihnen nichts Besseres vorsetzen zu können als kärgliches Ersatzmaterial. – Hoffentlich sind Sie gut nach Hause gekommen.

3 Sprüche: 1) »Leben ist eine Krankheit des Geistes« (Novalis.)

2) »Wer Dichtung sagt, sagt Leid« (Balzac.)

3) »Das Leben ist ein tötliches Gesetz und ein unbekanntes; der Mann, heute wie einst, vermag nicht mehr, als das seine ohne Tränen hinzunehmen.« (G.B.)

Herzliche Grüsse an die reizende Gattin von Ihren

Be $\left.\begin{array}{l} \text{G.[ottfried]} \\ \text{H.[erta]} \end{array}\right.$

42 HERTA BENN AN SEYERLEN

[Berlin] 12. VI. 40

Mit herzlichem Dank für den zauberhaften Blumengruß, den ich bei meiner Rückkehr aus Hannover vorfand.

Ihnen und Ihrer lieben Frau viele Grüße und gute Wünsche und hoffentlich führt Sie beide Ihr Weg recht bald wieder nach Berlin, in »mein Blütenreich«, das Sie hier entstehen liessen.

43 BENN AN SEYERLEN

[Berlin] 1. X. 40.

Lieber Egmont, endlich kommt die Adresse! Tausend Dank! Wir erwarteten sie sehr, wollten schon nach München an die verflossene adressieren. Wir gedenken Ihres

Besuches mit grösstem Vergnügen u. Dank! Köstliches Essen, köstlicher Wein! Charmanter Hausherr u. die Hausdame ganz Gräfin Limburg-Stirum nach Haltung u. Tracht! Der rötliche Teint der Wasseranwohner, das schmächtige Gesicht der grossen Klasse! Les Hommages à Madame!

Die Bozenerstr. steht noch – unberufen. Hoffentlich hält sich die Sierichstr. auch noch eine Weile. Sehr optimistisch bin ich nach wie vor nicht. Aber dafür schäumen Sie ja über von Treue und Glauben. Schön ist das.

Ich werde sehen, ob ich den Georg bekommen kann. War eine Woche im Südosten, z. B. Breslau. Ganz hübsche alte Stellen, katholische dort.

Meiner Madame geht es gut. Sie hat einen neuen Lippenstift, weich u. seuchenrot, letztes Geschenk von Paris, der grossen Isis, an das barbarische Teutonien, und eine neue Frisur.

Tausend Grüsse an die verehrten Gönner Seyerlens! Auf baldiges Wiedersehen. Herzlich Ihr

Be.

Viele Grüsse Ihnen und Ihrer Frau! Ihre

Herta Benn.

44 BENN AN SEYERLEN

[Bildpostkarte: Höhenrestaurant und Café Schönblick auf dem Weißenhof, Stuttgart]

Lieber Egmont, kürzlich führte mich eine Dienstreise in diese Ihre Vaterstadt, wo ich Ihrer sehr gedachte. Eine überaus reizende Stadt! Und dann: wie gehts? Hier ist

manches los, aber der Bayrische Platz ist noch heil. Und
der Optimismus??

Herzliche Grüsse an Sie u. Madame von uns beiden. Ihr
Be.

[Berlin] 22/X 40.

45 BENN AN SEYERLEN

[Bildpostkarte:
Herzlichen Weihnachtsgruß]

Den lieben beiden Seyerlens wünschen wir gute Feiertage
u. uns baldiges Wiedersehn mit ihnen.

Benn.
Herta Benn.

[Berlin] 23/12/40.

46 BENN AN SEYERLEN

[Gedruckte Todesanzeige]

Nach schwerem Leiden entschlief in ihrem 54. Lebensjahr
unsere liebe Mutter und Schwiegermutter

Frau Herta von Wedemeyer
geb. von Eisenhart-Rothe
Witwe des im Weltkrieg gefallenen Hauptmanns Adolph
    von Wedemeyer

Herta Benn geb. von Wedemeyer
Doris von Wedemeyer
Dr. Gottfried Benn Oberfeldarzt i. d. Heeressanitätsinspek-
tion.

Berlin, Hannover im Februar 1941.

47 BENN AN SEYERLEN

[Berlin]
14.4.41 Ostermontag.

Lieber Egmont, ich bin beunruhigt, weil ich so lange nichts
von Ihnen gehört habe. Wo sind Sie? Ich las in der Zeitung
vor einiger Zeit, dass die Hamburger Konsumvereine nun
zur DAF übergegangen sind, also das eingetreten ist, was
Sie andeuteten. Sind Sie dabei gefallen oder gestiegen?
Lassen Sie bald von sich hören. Madame u. ich warten auf
Nachricht!
    Wie geht es Ihrer Frau? Waren Sie mit ihr beim Arzt?
Hoffentlich alles gut.
    Auf baldiges Wiedersehn! Herzlich, für Sie beide, die
                                                    Benns

48 BENN AN SEYERLEN

Berlin, den 8. Juni 1941.
Lieber Egmont,
noch nachträglich tut es mir furchtbar leid, dass ich an dem
Abend, als Sie hier waren, so kaputt war, aber ich bin das
leider jetzt öfter. Infolgedessen habe ich den herrlichen

34

Hummer nicht mit der nötigen Andacht genossen, und Sie sind um Ihren Sekt gekommen, aber er steht hier zu Ihrer Verfügung beim nächsten Mal.

Ich schreibe heute hauptsächlich aus folgendem Grunde: ich nehme an, dass Ihre Frau jetzt in Tittmonning ist, und ich möchte, dass meine Frau auch dorthin fährt. Ihr gefällt Berlin nach ihrer Rückkehr garnicht, und es ist ja auch wirklich im Sommer abscheulich. Ausserdem haben wir jetzt eine Aufwartung, die täglich kommt, und der meine Frau mich überlassen kann. Ich würde mich also sehr freuen, wenn sie sich einen halbwegs netten Sommer noch in Süddeutschland machen könnte. Wie ist das also mit Tittmonning? Wir haben nicht die Absicht, Ihre Frau zu belästigen, andererseits könnten ja die beiden Frauen einige Wochen einen gemeinsamen Haushalt führen, oder meine Frau wohnt irgendwo anders und nimmt an einigen Mahlzeiten teil. Können Sie uns vielleicht in der Richtung einen Vorschlag machen? Was mich für dies Projekt sehr einnimmt, ist der Umstand, dass meine Frau an Ihrer Frau etwas Anschluss hat, und wenn Ihre Frau allein ist und womöglich noch etwas leidend, fällt ihr vielleicht auch etwas Gesellschaft nicht lästig. Wir wissen, dass Bettwäsche usw. bei Ihnen nicht vorhanden ist. Ich möchte zunächst einmal Ihren grundsätzlichen Standpunkt anhören. Bitte antworten Sie bald, der Sommer rückt vor, bald ist die germanische Sommersonnenwende und die Johannisfeuer flammen und der Herbst ist da. Meine Frau grüsst Sie vielmals.

Herzlich Ihr alter

Be.

Gen Osten werden wir reiten . . .

49 Benn an Seyerlen

[Bildpostkarte:
Schloß Reinhardsbrunn]
18. 7. 41.

Es ist ganz nett hier, ich erhole mich langsam, sehr langsam, bin immer noch müde u. kaput. Wie geht es Ihnen u.
wie geht es in Tittmonning? Meiner Frau gefällt es hier
nicht sonderlich. Mitte August werden wir wieder in
B.[erlin] sein. Eine Nachricht von Ihnen hierher würde
mich sehr beglücken.

Herzlichen Gruss Ihr

Benn.

Res. Kur-Lazarett, Friedrichroda (Thüring.)

50 Benn an Seyerlen

[Berlin] 19/V 42 – 1. VI 42.

Lieber Egmont, wir haben so lange nichts von Ihnen gehört, dass wir beunruhigt sind, wie es Ihnen geht. Wo
stecken Sie beide? U.A.w.g. Ihr

Benn

51 Herta Benn an Auguste und Egmont Seyerlen

[Bildpostkarte: Ostseebad
Kolberg. Strandschloß]
4. IX. 42.

Liebe Seyerlen's, ich genieße hier sehr die letzten schönen
Herbsttage, sie sind von einer seltenen Leuchtkraft und
strahlenden Wärme, und erhole mich von dem grauen

Dasein zwischen den Berliner Mauern. Umseitig meine Residenz, imposant und herrlich kitschig, aber sehr gutes Unterkommen. »Der durchlauchtigste Fürst« arbeitet leider fron u. sehnt sich vergebens nach seinem von ihm so geliebten Meer. Ihnen beiden herzl. Grüße von Ihrer

Herta Benn.

52 Benn an Auguste Seyerlen

B.[erlin] 14. IX 42

Lieber gnädige Frau,

Sie hatten die grosse Freundlichkeit, für mich zwei prachtvolle Paar weisser Gamaschen von Egmont hervor zu suchen und mir mitzuschicken. Darf ich Ihnen meinen herzlichen Dank dafür sagen. Nun kann man so feudale Gamaschen natürlich nur tragen, wenn man entsprechende graue Hüte, englische Anzüge, seidene Oberhemden, Schuhe von Breitsprecher u. schwedische weisse Handschuhe trägt, wie es Egmont immer tat und auch heute noch tun würde, wenn er nicht eine Arbeitsmaus aus sich gemacht hätte, – natürlich nur getarnt und zeitbedingt. Aber ein einfacher Mann wie ich kann sowas Elegantes kaum tragen. Trotzdem danke ich Ihnen sehr für Ihre Mühe und nehme diese Gelegenheit wahr, Ihnen zu sagen, wie sehr wir bedauern, dass Sie Egmont nicht öfter begleiten und nicht wieder einmal bei uns gewesen sind.

Meine Frau sendet Ihnen viele Grüsse. Grüssen Sie bitte Herrn Generaldirector und Wirtschaftsführer sehr u. sorgen Sie dafür, dass er jetzt einmal 6–8 Wochen ausspannt und sich erholt.

Tausend Grüsse Ihr aufrichtig ergebener

Benn.

[Berlin] 19/X 42

Lieber Egmont, Dank für Ihren Brief.
Inzwischen ist die Weinsendung eingetroffen! Grossartig!
Wunderbar nett von Ihnen! Aber ich vermisse noch immer
die Rechnung. Ich trinke keinen Schluck, ehe ich nicht
bezahlt habe. Bitte lassen Sie mich nicht länger solche
Qualen ausstehn, sondern veranlassen Sie, dass Nota bal-
digst kommt.

Wo stecken Sie? Wieder im Joch? Unermüdlicher Schaf-
fer u. Mehrer zum Wohle des Ganzen!

Wir pirschen uns so durch. Wann kommen Sie mal
wieder her in Ihrer malerischen Gesamtwirkung?

Tausend Grüsse an Ihre liebe Gattin von meiner Frau
und mir, Ihrem zu grossem Dank verpflichteten, Ihre be-
deutende Handelsperson sehr bewundernden

kleinen G. Be.

[Berlin] 11. VIII 43

Lieber Egmont,
die Stunde hat geschlagen. Zunächst: *Landsberg a. Warthe*
Böhmstr. 2, bei Frau Frass. Bleiben wir in Verbindung!
Bozenerstr. ist geschlossen. Wirklich eine Tragödie, eine
Auflösung der Existenz. Meine Frau ist auch fort.

Vers von G. B, letzter Vers von Gedicht »Tag, der den
Sommer endet –«: – »Die Schwalben streifen die Fluten
und trinken Fahrt und Nacht –«

Immer Ihr

Benn.

Gruss an Ihre so reizende Frau!

Landsberg a. d. Warthe, d. 12. IX. 1943.
General-von-Strantz-Kaserne.

Lieber Egmont,

Dank für Ihren Brief, der hier in Landsberg das erste Zeichen der grossen Welt für uns war, die wir hinter uns lassen mussten. Hoffentlich geht bei Ihnen alles gut. Tittmonning wird ja wohl verschont bleiben, da Sie dort ein englisches Offizierslager haben. Berlin sieht in einigen Stadtteilen ziemlich doll aus. Unsere Gegend ist ziemlich schwer getroffen, aber unser Haus steht noch, obschon auch 6 Brandbomben hineingingen, die aber gelöscht wurden. Im Ganzen bin ich hinsichtlich der Wohnung sehr pessimistisch, ich fürchte, dass Berlin doch weitgehend zerstört werden wird.

Hier wohne ich in der Kaserne und »fasse« Essen, alles in tiefen Tellern, Kohlsuppe und Nudelsuppe, Margarine und Kunsthonig gibt es auf Papierblättern zum Mitnehmen. Die Ernährung ist nicht gut. Meine Frau wohnt in der Stadt in einem kleinen Zimmer, von dem es noch nicht sicher ist, ob wir es werden behalten können. Einen Teil unserer Sachen haben wir aus Berlin hierhergeschleppt, den grösseren Teil leider nicht. Es ist ein Leben im Exil, von dem Sie als mehrfacher Hausbesitzer, Wohnungsinhaber und Rentier sich natürlich keine Vorstellung machen können. Sie haben weiter Ihre dicke Ledertasche voll Esswaren und geheimnisvollen Akten, tragen weisse Gamaschen und bejahen die Lage im Besonderen und im Allgemeinen. Das tun wir natürlich auch, aber wir wünschen trotzdem, dass der Endsieg bald erfolgt und wir nach Berlin zurück können.

Dies Italien! Aber es war ja immer das Land der Frei-
maurer und Kamarillas. Kein Wunder, dass sie uns nun
wieder in den Rücken fallen.

Werden Sie ganz ohne Tätigkeit bleiben? Jetzt sind ja
doch sogar die Sechzigjährigen aufgerufen sich zu stellen.
Wollen Sie nicht Ihr Glück nun endlich bei der Wehrmacht
versuchen?

Meine Frau lässt Ihre Frau und Sie sehr grüssen. Wenn
Sie mal in diese Grosstadt kommen, Sie können gern bei
mir übernachten. Ich habe genügend Raum und Betten
dafür. Auf nach Landsberg! Das Warthe- und Netzebruch
erwartet Sie! Aus dem Osten kommt das Licht, hier ist es
schon ziemlich hell davon – (übrigens auch die Wanzen).

Tausend Grüsse Ihr

Benn

56 Benn an Seyerlen

Lamoral,
dem Letzten der Feindlichen Brüder –,
»die weisse Perle rollt zurück ins Meer –« (S.10)
[Landsberg/Warthe] 13/X 43   G.B.

[Widmung in: ›Zweiundzwanzig Gedichte (1936–1943)‹.
Privatdruck. August 1943]

57 Benn an Seyerlen

[Landsberg/Warthe] 16. IV 44
Lieber Egmont,
werter Director,
bestätige Eingang eines Schreibens von Mitte November
und zum Jahreswechsel. Liess nichts von mir hören, da voll

beschäftigt mit Abfassung von Roman, der nicht seines-
gleichen hat, selbst nicht unter meinen Werken, erst etwa
1914 ist etwas da, was Schmerzliche Scham hiess. Wie geht
es Euer Liebden. Und der weissen Fürstin? Wir hausen
immer noch in der Kaserne im Kampf gegen Hunger u.
Wanzen u. hoffen auf den Tag des Sieges und der Freiheit.

Die Wohnung steht noch, ist aber nicht mehr bewohn-
bar, alles kaput. Vom Bayrischen Platz stehen noch 2
Häuser, sonst alles Schutt. Ich bin öfter einige Stunden in
Berlin, es ist ja schon unbeschreiblich.

Was treiben Sie? Wollen Sie immer noch auf Urlaub
gehn? Sie Unentbehrlicher!

Madame lässt Sie und die Gräfin Limburg-Stirum sehr
grüssen.

Herzlich Ihr

Benn.

58 BENN AN SEYERLEN

[Landsberg/Warthe] 9. VII 44.

Lieber Egmont, Dank für Ihren Brief vom 6. VII aus Wien!
Wir haben schon sehr darauf gewartet. Sagten uns, dass Sie
uns schon ganz vergessen haben, wo wir Ihnen in unserem
einfachen Heim Brod und Salz nicht bieten können; keine
Treue, keine Beständigkeit. Freuen uns sehr, dass es Ihnen
beiden gut geht. Die Fürstin hier ist leider nicht in bezau-
bernder Verfassung, hat seit 6 Wochen Gelenkrheumatismus, kann kaum am Stock gehn, muss jetzt in ein Moorbad
dicht bei Prag.

Allmählich wird es hier sehr öde u. auch ungemütlich.
Man hat uns Evacuierte gründlich satt, schikaniert uns, will

uns aus der friedlichen Kaserne raus haben u.s.w. Nun, on verra. Bald wird ja wohl eine gewisse Klärung kommen. Wie geht es Ihnen gesundheitlich? Halten Sie denn das unaufhörliche Arbeiten aus? Können Sie zwischendurch mal nach Tittmonning für einige Zeit gehn? Bei uns ist Urlaubssperre für unbestimmte Zeit, ich kann also nicht fort. Wohin – wäre ja sowieso schwierig. Zu grossen Reisen habe ich keine Lust.

Meine Frau lässt grüssen, Sie u Ihre Frau. Bestellen Sie Letzterer bitte von mir aufrichtige Freundschaftsgrüsse. Nach Berlin könnte ich schon kommen, dienstlich bin ich ja mein eigener Herr. Schreiben Sie rechtzeitig.

Tausend Grüsse Ihr

Benn

59 Herta Benn an Auguste und Egmont Seyerlen

21 Bad Oeynhausen, 19. VII. 44.
Johanniterheim.

Liebe Herr u. Frau Seyerlen –
wir bedauern immer sehr, daß eine Gelegenheit, sich einmal wieder sehen u. sprechen zu können, sich noch nicht bieten will. Falls Sie aber mal nach Berlin kommen, könnten wir vielleicht uns doch mal treffen.

Augenblicklich mache ich hier Kur. Ich habe mir in unserer kalten Kaserne Gelenkrheumatismus geholt mit Gelenkentzündungen an beiden Knien. Ich kann nur sehr wenig u. nur am Stock humpeln, clopin-clopant.

Werden Sie nicht bald Ihr Heidelberger Haus beziehen? Wir wollen auch nach dem Westen! Mit frdl. Grüßen Ihre
Herta Benn.

[1. Oktober 1945]

Als langjähriger Bekannter des Herrn Dr. Benn teile ich
Ihnen mit, daß Herr Dr. Gottfried Benn lebt u. in Bln-
Schöneberg Bozenerstr. 20 wohnt. Ferner soll ich Ihnen in
seinem Namen folgendes mitteilen:

»Herta † am 2. VII. 45 in Neuhaus a.d. Elbe – wohin ich
sie Anfang April evakuiert hatte, – *nahm sich das Leben.*
Ursache: Im Zusammenhang mit dem Wechsel in der
Besatzungsarmee, – Übergang des Ortes von der engl.-
amerikanischen Zone in die *russische* Zone. Ich war an
ihrem Grab *jetzt.*«

Herzl. Grüße

gez. Dr. Benn

Abs. Ohmke
Weissenbrunn 14
über Kronach
(Oberfranken)

[Bildpostkarte: Luftkurort Mohrin
in der Neumark. Seepromenade]

Lieber Egmont, Dank für Ihren Brief. Zum ausführlichen
Schreiben bin ich noch zu zerstört u. traurig. Mein Leben
ist trostlos einsam u. leer. Ihnen u. Ihrer lieben Frau gutes
Weihnachten u. Neujahr.

Immer Ihr

Benn

[Berlin] 12 XII 45.

[Berlin] 26 I 46.

Lieber Egmont, sehr lieb von Ihnen mir wieder zu schreiben. Ihr Brief vom 19 I. kam heute an. Aber meine Stim-
mung ist immer noch so, dass mir die Tränen in die Augen
treten, wenn ich an die letzten schönen ruhigen Jahre
denke, an Ihre Besuche bei uns, unser Zusammensein. Ich
bin sehr bis in die Tiefe getroffen u. werde kaum noch hoch
kommen, da ich es garnicht wünsche u. begehre. Alles ist
sehr schwer, auch das Geistige. Ich bin heute »unerwünscht« wie früher, ich weiss selber nicht, warum eigentlich, kümmere mich auch garnicht darum. 3 neue Bücher
sind fertig, aber sie werden wohl kaum erscheinen können.
Berlin ist ein gefährliches Pflaster, bei Ihnen im Westen ist
es, glaube ich, leichter.

Renée lebt nicht nur, sondern ist überall an der Spitze u.
macht viel her. Sie wohnt ganz in meiner Nähe u. kommt
öfter zu mir, Adresse: Innsbruckerstrasse 23 a^{III}. – Dass
Kerr in Berlin ist, habe ich nicht gehört, es erscheint mir
unwahrscheinlich.

Wie geht es Ihrer Frau gesundheitlich? Meine Praxis
geht gut, ich widme mich ihr völlig, da ich ja ganz allein u.
ohne persönliche Beziehungen lebe, ich habe viele Patienten auch ausserhalb meiner Spezialität, Allgemeinpraxis.

Sehr schmerzlich, dass wir uns nicht sehn u sprechen
können, es wäre mir eine grosse Freude. Von meiner Tochter aus Kopenhagen habe ich leider noch nichts gehört.

Vergessen Sie beide nicht mich und auch nicht meine
Frau, die so weit fort in einem kleinen Dorf ruht, in das alle
meine Gedanken immer ziehn.

Tausend Grüsse in alter Freundschaft an Sie beide. Ihr
Benn.

[Berlin] Ostern [21./22. April] 1946

Lieber Egmont, Ihnen bezw. Ihrer Frau danke ich vielmals
für den Brief, der so freundlich gestimmt u. geschrieben
war. Hoffentlich haben Sie sich Ihr Leben wieder etwas in
Schwung und Ordnung gebracht u diese Belästigungen,
von denen Sie schrieben, aus dem Wege geräumt. Unend-
lich bedaure ich, dass wir uns nicht sehen können, ich
würde so gerne mit einem alten Freund einmal meine
persönlichen Dinge besprechen, hier ist alles tot oder im
Westen, mit dem ich früher etwas näher stand. Meine
Tochter war ein par Tage bei mir, in Uniform als »war
correspondent«, englischer Gast, im eigenen Wagen aus
Kopenhagen, es geht ihr glänzend, aber sie ist sehr gegen
uns – nun, sie ist 23 Jahr drüben u. hat dänische Kinder u.
einen dänischen Mann. Sie schenkte ihrem schäbigen alten
Vater Cigaretten, war aber im Übrigen reizend u. ausser-
ordentlich reif u. klug. Auch sonst findet sich mancher
wieder bei mir ein, aus alten Beziehungen aus USA u
Schweiz usw. Aber Freunde –, wir sind doch sehr isoliert u.
müssen sehr zurückhaltend sein.

Die literarischen Dinge entwickeln sich, aber ich bin
ablehnend u. reserviert, will nicht wieder in Kampf u. Diskussion, habe es satt, will für mich bleiben. Einige Verläge aus Süd- u Norddeutschland bemühen sich angele-
gentlich um mich, aber, wie gesagt, ich fühle mich zur
Secte der »Unberührbaren« herangewachsen (um diesen
indischen Begriff zu verwenden), deren Herz gehärtet u
deren Haut gegerbt ist u. deren Blicke mit den Bildern
einer nur Wenigen erahnbaren Ferne gefüllt sind. Das letzte
Jahr hat mir den Rest gegeben u. nächste Woche werde ich

60 Jahre! Schade, dass wir nicht sprechen können u. uns
erzählen, was uns bewegt.

Ihnen beiden sehr herzliche Grüsse. Immer Ihr alter
Benn.

[Berlin] 7. I. 47

Lieber Egmont,
heute kam Ihr Brief vom 18 XII 46, für den ich vielmals
danke. Ich bin froh, von Ihnen wieder etwas gehört zu
haben. Inzwischen werden Sie meine Heiratsanzeige bekommen haben. So alleine konnte ich nicht weiterleben,
alles verkam, Wohnung u Praxis u. ich selber mit. Meine
Frau hat eine eigene grosse zahnärztliche Praxis ganz in
meiner Nähe, verdient gut. Ist sehr, sehr jung, fast zu jung
für mich; aber sie ist ungemein reizend, ein grosses Glück
für mich, sie gefunden zu haben. Die Absicht zu heiraten
hatte ich eigentlich nicht mehr, aber es kam diese wirkliche
Liebe noch einmal über mich u. so taten wir es, ich glaube,
es wird keiner Schaden davon haben.

Was Sie von »Makel« schreiben, verstehe ich nicht. Wir
sind alle bemakelt, die wir gelebt haben, wie es uns unser
Leben vorschrieb. Ich stehe auf allen schwarzen u. grauen
Listen u. rühre keinen Finger dagegen. Mehrere grosse
Verläge, auch Row., interessieren sich sehr für meine
neuen, in Landsberg geschriebenen Bücher – aber je m'en
fiche. Eine Öffentlichkeit giebt es ja nicht mehr, die einen
interessieren könnte.

Ja, ich sähe Sie auch gerne, Sie u. Ihre Frau. Eben war
Renée hier, kommt oft zur Behandlung, ist ein wenig ge-

46

brechlich u. alt, wir reden immer von den alten Zeiten. Ein gutes neues Jahr, lieber Egmont! Die Emigranten, einschl. Döblin, hassen mich sehr, aber ich mache mir nichts draus. (»Du stehst für Reiche, nicht zu deuten u. in denen es keine Siege giebt.« G.B.)

Immer Ihr

Benn

65 BENN AN SEYERLEN

Berlin 21. 9. 47.

Lieber Egmont, haben Sie vielen Dank für Ihren Brief vom 4. 9. Ich habe sehr oft an Sie und Ihre Frau gedacht u. Sie in meinem Herzen bewahrt, wenn ich auch seit dem Frühjahr nicht schrieb. Die lange Dauer der hin- u hergehenden Post, dazu die Schwierigkeit, offen zu sein, waren die Hauptgründe meines Schweigens. Ich freue mich nun sehr zu hören, dass es Ihnen beiden erträglich geht. Auch wir schlagen uns durch, arbeiten beide u. vertragen uns gut.

Neulich war E. R. [Ernst Rowohlt] aus Hamburg ein par Stunden bei mir, nachdem ich ihm vorher nicht besonders liebenswürdig geschrieben hatte, seine laute Art sich in den Vordergrund zu drängen, missfiel mir sehr; ich war ja nie, auch früher nicht, sehr von ihm eingenommen. So ist es auch geblieben: er ist der reine Opportunist, der, wo er seinen Vorteil wittert, sich rücksichtslos heran schiebt. Nun, mag er, – ich bedarf seiner nicht u. habe wenig gemeinsame Interessen mit ihm. Natürlich sprachen wir von Ihnen viel u. er erzählte einiges, was ich nicht wusste.

Renée sehe und spreche ich häufiger, auch ihr alter Freund Siemsen hat mir aus New York ein par mal ge-

schrieben, überhaupt die U.S.A. Freunde lassen manches
von sich hören, senden auch manchmal die so sehr herrlichen Pakete, die besser sind als 1 Monat Praxis, ich muss
ihnen überaus dankbar sein.

Was Kerr angeht, so würde ich ihm nicht schreiben, aber
Ihre Stellung zu ihm war ja wohl eine nähere u. freund-
schaftlichere. – Was die Literatur angeht, so könnte ich
jetzt in der Schweiz Bücher erscheinen lassen, es hat sich
da eine enge Beziehung angebahnt, nachdem in der Züricher »Weltwoche« ein langer Aufsatz über mich erschienen war u. seltsamer Weise ebenfalls ein langer, *sehr inter-
essanter* Aufsatz in der »Neuen Rundschau«, Stockholm,
Bermann-S. Fischer-Verlag, der mich in die bedeutendsten
europäischen Zusammenhänge bringt u. auch politisch
nicht unangenehm ist. Trotzdem zögere ich mit neuen Pu-
blikationen, ich kann ungestörter arbeiten, wenn ich an gar
keine Öffentlichkeit mehr denke. Ich habe jetzt ein neues
Prosabuch fertig gestellt, Art längere Novelle, äusserst
modern u. radical. Etwa 100 Seiten, aber sehr gefährlich.
Alles, was ich schreibe, kommt in das *Benn-Archiv*, das sich
in Bremen bei einem Mäcen u. Verehrer von mir gebildet
hat –, in Berlin ist ja alles zu unsicher . . .

Meine Frau lässt grüssen u. ich grüsse Sie beide. Oft sind
meine Gedanken bei Ihnen, insonderheit bei Ihren letzten
Besuchen hier bei uns in den Kriegsjahren, ich denke ja
immer noch und mit tiefer Trauer an jene mir so liebe
Gefährtin, die weit fort ruht.

Immer Ihr

Benn

[Bildpostkarte: Grabmoschee des
Kâit Bai. Kairo]
[Berlin] 27 XII 47.

Lieber Egmont, Ihnen u. Ihrer Frau viele Grüsse zum
Neuen Jahr. Ich hoffe, es geht gut, obschon Sie schweigen.
Wir hier leben so dahin, arbeiten u. vertragen uns. Vom
neuen Jahr erwarten wir äusserlich nicht viel Gutes.

Literarisch werde ich wieder ziemlich viel genannt,
rühre mich aber nicht. Dagegen erscheinen in einem
Schweizer Verlag neue Bücher von mir – ein angenehmer
Erfolg. Ich werde Ihnen senden, wenn erschienen, aber es
werden noch einige Monate vergehn.

Vergessen Sie mich u. unsere Freundschaft nicht.

Immer Ihr

Benn.

Grüsse von meiner Frau.

[Berlin-Schöneberg] 28 III 48

Lieber Egmont,

Ich habe so lange nichts von Ihnen gehört, auf 2 Briefe von
mir (Herbst 47 u. Weihnachten 47) haben Sie nicht geant-
wortet – was ist? Ich mache mir Sorgen um Sie. Schreiben
Sie doch mal.

Uns hier geht es einigermassen. Natürlich eine gewisse
Unruhe u. Beklemmung wegen der allgemeinen Lage, –
aber das ist ja nichts Neues. Ich glaube vorläufig nicht an
entscheidende Ereignisse.

Inzwischen habe ich mit einem Züricher Verlag einen

netten Vertrag geschlossen u. es erscheinen noch in diesem Sommer neue Bücher von mir dort. Einiges darunter vermutlich ganz interessant, u. es wird Diskussion geben. (Diskussion u. Geschwafel ist ja das Einzige, was dieser abgetakelte Erdteil noch von sich geben kann).

Renée hat 60. Geburtstag gefeiert: etwas laut, etwas *zu* laut, gefällt mir nicht, das sich schrecklich ehren u. auszeichnen lassen, das ganze Geschmeiss war dabei tätig.

Tausend Grüsse an Sie u Ihre Frau Ihr

G.B.

Heute ist der Jahrestag der »Feindlichen Brüder« – 1914.

68 S̲ᴇʏᴇʀʟᴇɴ ᴀɴ B̲ᴇɴɴ

Tittmoning, 15.4.48

Getreuer, bewunderter Kamerad Benn!
Verehrter Meister!
Sie sind Arzt, ein Heilender – nicht nur aus Beruf, sicher auch aus irgendeiner Berufung. Haben Sie großen Dank von Herzen für Ihre gute Hand!

Aus der beschämenden Tatsache, daß ich die Züge und Zeichen dieser guten Hand vom 21. 9. und 27. 12. 47 unbeantwortet gelassen habe und daß ich Ihnen meinerseits nicht einmal zu Weihnachten und Neujahr ein Zeichen gab, wie oft ich an Sie denke: all das mag Ihnen ein Beweis für den Zustand der Verwirrung sein, in dem ich mich befinde. Aber machen Sie sich keine Sorge. Wir haben in einem unserer mir unvergeßlichen Gespräche – früher einmal – festgestellt, daß der kathegorische Imperativ, der uns am Leben erhält, und zum Handeln veranlaßt, eigentlich immer dieselbe Parole ausgibt, wie er sie schon in

50

früher Jugend ausgegeben hat und daß Umriss, Ton, Gehalt jenes Weisenden, Wollenden, Wertenden im wesentlichen dieselben blieben. Der Wunsch, auf irgendeiner blumigen Wiese in der Sonne schnell zu verlöschen, mitten in der Schlacht, blieb unerfüllt; aber der Impuls, sich zu stellen, Verstärkung zu sein, wo ein braves Getümmel im Druck ist, ist immer noch nicht ganz erloschen und immer noch irgendwie im Unterton beschwingt (richtiger wohl: unter-krückt) von dem Suchen nach dem großen Schweigen und der großen Ruhe. – Diese Art Innerstes spielt sich ab in der Ihnen genugsam und für unseren Raum charakteristischen Atmosphäre einer beispiellosen Niedrigkeit, die – von den Siegern erstrebt – alles bisherige unterbietet; in einem Milieu, das von den Nöten, Sorgen, Schmutzigkeiten ge-nauso strotzt wie überall.

Wie gerne würde ich oft mit Ihnen sprechen, wie oft sind meine Gedanken bei Ihnen, denn – ganz nüchtern, eisig, ohne Schmeichelei –: das Werk ist unwiderlegbar und spricht seine Sprache oder die einer Geistigkeit, die ja in vielen Generationen wuchs und auf die Sie als der Herold, als Verkörperer und Verkünder ja nie eitel waren. Viel eitler waren wir ja auf Kravatten und Hunde (welch herrliche Zeit!) und doch auch immer wieder mit Streit, – aber Gott sei Dank dem fairen, sportlichen, – der den besten Freund auf die andere Seite des Netzes stellt, wenn kein anderer Partner zum üben da ist.

Ich hatte so gehofft, daß Sie irgend einmal sich zu einem kleinen Urlaub sich entschließen können, hier im Süden, in den Bergen; aber ich verstehe natürlich, wenn Sie die Rei-sen verabscheuen. Außerdem ist Bayern heute ja tatsäch-lich das ausgeplündertste und ärmste Land geworden, trotz aller gegenteiligen tendenziösen Fabeln. Also warten wir!

Nochmals tiefen Dank für Treue und Grüße! Sie haben noch etwas zu sagen, ich kaum mehr etwas, was über den Rahmen einer Linderung ganz lokaler, partikularer Nöte hinausginge. Wie glücklich war ich und bin ich zu hören, daß wieder Steine und Figuren des Werkes verlegt werden! Hoffentlich ist das – und besonders die Verbindung mit Schweizern – für Sie ein wenig Atemholen und Lächeln! Gibt es nicht einen Wohltäter, der einem Schweizer Hospital die Mitarbeit eines so guten Arztes verschaffen möchte? Aber schon, daß Sie hin und wieder – vielleicht zur Erledigung persönlicher Geschäfte – eine Reise zu Ihrem Verleger machen können, ist doch eine Aussicht und muß Auftrieb geben. Wenn Sie korrigieren, lassen Sie sich doch eine Fahne mehr schicken; ich würde eine große Freude daran haben, wenn auch nur leihweise; sonst ist wirklich alles zum ersticken.

Renée und Roro, bizarr in Anpassung, aber doch alte liebe Kameraden. Ich höre von Renée seit Jahren nichts mehr, von RoRo auch seit über 1 Jahr nicht. Es wäre wohl auch sinnlos. Im übrigen haben Sie recht! In diesem unfruchtbaren Vorwerk eines Erdteiles wurde immer alles zerredet und wird es heute noch. Inmitten aller Schwalme der Verwesung zwischen den Trümmerwüsten und Krüppeln erheben sich die Katheder des Besserwissens und die professoralen Zeigefinger, die in einer Apokalypse noch Zensuren erteilen.

Ich habe mir viel Mühe gegeben, all dem gegenüber wieder irgend etwas Lebendiges, das handelt, auf die Beine zu bringen, es ist alles mißlungen. Der einzige Trost ist, daß die Unterernährung so herrlich müde und schläfrig macht. Sie haben wenigstens noch Ihren Beruf und sei es nur als Ablenkung, ich nicht. Aber auch wir vertragen uns, ohne irgend etwas zu erwarten. Das ist doch sehr viel und ein großes Glück. Sie werden es auch empfinden und davon zehren. Wie gerne hätten wir die Gefährtin kennen gelernt! Vielleicht werden die Verlagsreisen einmal einen Abstecher zu uns ermöglichen, vergessen Sie es nicht! Schreiben kann man ja doch nichts, worauf es ankäme.

Ich war erfreut, daß Siemsen an Sie geschrieben hat. Haben Sie seine Adresse und will er in New York bleiben? Läßt eigentlich Beermann Stockholm garnichts von sich hören?

Hauptsache aber, Sie arbeiten weiter! Die Beweise werden sich mehren, die Ihnen dokumentieren, daß man Sie und das Werk nicht übersehen kann. Über das Benn-Archiv sollten Sie allerdings nicht allein verfügungsberechtigt sein, sondern auch der Schweizer Verleger. Sie sollten unter allen Umständen veröffentlichen, nicht um des Publikums wegen, sondern um des Geistes wegen. Außerdem sollte das Archiv in die Schweiz verlegt werden!

Lieber Benn! Sie wissen, wie sehr real die fluidalen Kräfte der Gedankenübertragung wirken. Ich sitze oft mit Ihnen und der so fernen Gefährtin früherer Jahre zusammen, wir sprechen und lächeln, oft drehe ich mich um, oft gehe ich hinaus, aber es hat eben so sein sollen. Bleiben Sie stark! Ärgern Sie sich nicht über die Schmeißfliegen, die sich an der Verwesung mästen.

Vielen Dank noch für alles Gute, vielen Dank auch für den Gruß zum Jahrestag der feindlichen Brüder. Viele gute Wünsche an Sie und die unbekannte Gefährtin von der meinen und mir selbst.

In alter Freundschaft und Bewunderung Ihr getreuer, wenn auch schweigender:

Seyerlen.

[Berlin] 18 V 48.

Lieber Egmont, vielen Dank für Ihren Brief, dessen freund-
schaftlicher Ton mich sehr beglückte. Anbei als Gegen-
gruss aus dem neuen Gedichtband: »Statische Gedichte«,
dessen Korrectur ich jetzt aus Zürich erhielt, einige Stücke,
– erwarten Sie nicht zuviel davon. Ich persönlich bin z. Z.
mehr auf Prosa gestellt u. gestimmt, meine neuen Prosa-
sachen sind entschieden frappanter u. avantgardistischer
als die Lyrik. Aber in der Schweiz muss ich mich zunächst
etwas als *sanfter Heinrich* einführen lassen, um nicht sofort
Anstoss zu erregen.

Hier in Berlin versammeln sich neuerdings gelegentlich
einige junge Ausländer aus der amerik. u. französischen
Literatur um mich, die mich wohl als gewissermassen
internationale Klasse empfinden. Ich träufe ihnen aus meiner Altersweisheit manche Brocken zu: »streichen Sie alle
Adjectiva«, »keine Farbenbezeichnungen (opalen, purpur)
in Versen, – zu banal! –«; »vermeiden Sie Wort u. Gedanken: apokalyptisch, die Zeit ist nicht apokalyptischer als
jede andere«. »Schreiben Sie auf meinen Grabstein: Der
Feind der Substantive« – usw. Stuss –, aber es macht ihnen
Spass.

Ihnen beiden herzlichen Gruss. Ihr

G.Be.

[Beilage: Typoskripte von ›Statische Gedichte‹, ›Gewisse
Lebensabende I‹, ›Orpheus' Tod‹, ›Quartär I–III‹, ›St.Pe-
tersburg – Mitte des Jahrhunderts‹, ›Chopin‹]

[Berlin] 8 I 49.

Lieber Egmont, dass Sie, Schweigsamer, sich zu einem so langen Brief, einem so tiefsinnigen, einem so genialen, aufgerafft haben, war mir eine grosse Überraschung. Haben Sie vielen Dank. Ich wollte eigentlich einen der Drei A. M. mit »Lamoral« anreden lassen in Erinnerung an Sie, liess es aber, weil ich den Stil des ganz Unindividuellen, Persönlichkeitslosen, Collectiven nicht unterbrechen wollte. Selbst Vorname ist schon ein Persönlichkeitszug, der altmodisch wirkt. Näheres darüber im »Ptolemäer«, der jetzt erscheint. Die »3 A. M.« sollen einen geradezu sensationellen literarischen Erfolg haben, schreibt mir mein Verleger. – Der *Goetheaufsatz*, dessen Sie freundlicherweise gedenken, wird vom Archeverlag, Zürich, neu herausgebracht; ich weiss nicht, ob ich darüber verfügen kann. Eventuell fragen Sie dort an. Von hier aus kann man kaum noch schreiben –: die Berliner Westverhältnisse sind unbeschreiblich! (»Thermopylae« – aber für wen fallen wir Spartaner?)

Grüsse an Sie beide. Ihr

Benn

71 BENN AN SEYERLEN

Egmont Seyerlen
zur Erinnerung an die Bozenerstr 20 und an 35 Jahre
Freundschaft (1914–1949).
2 VII 49   Gottfried Benn.
  Berlin

[Widmung in: ›Ausdruckswelt. Essays und Aphorismen‹.
Wiesbaden: Limes 1949]

72 SEYERLEN AN BENN

                        (13b) Tittmoning, Stadtplatz 36,
                        den 16. 12. 1949

Großer Kamerad *Benn*!
Sie haben schon immer eine Neigung bewiesen, jene uralte
Tradition der wirklich mächtigen Magier und Herrscher zu
pflegen, nämlich aus Ihren Reichen und Reichtümern zu
schenken. Es gab keine Bitt-Listen in Assur, in Theben,
auch nicht in Florenz und Ferrara. Mich begleitet nun
schon seit vielen Monaten eine jener kostbaren Gaben, wie
Sie mir solche schon so oft in jenen fünfunddreißig Jahren
unserer seltsamen Freundschaft zudachten. Seit Monaten
erhebe ich mich an ihrem Glanz und ihrer Fülle und ver-
säume seit Monaten die selbstverständlichsten Pflichten
des Anstandes. Wenn ich wenigstens noch ein Zelt besäße
und Ihnen ein edles Pferd oder eine kostbare Waffe senden
könnte; aber immer nur ärmlichste Worte? Immer nur
solche beschämenden Zeugnisse eines dauernden Schei-
terns an all dem, was eigentlich zu Erfüllung und Ausdruck

aufruft? – Seien Sie nachsichtig, großer guter Kamerad. Man muß sich immer stellen; es gibt kein Ausweichen und in manchen Lagen eben nur Schweigen. Sie geben mir so viel und ich danke Ihnen sehr sehr oft. Sie müssen das wissen und auch trotz meines Schweigens empfangen. Es ist so ermutigend, daß Sie sich trotz allem durchsetzen. Möge Ihnen um so mehr noch viele Jahre die Kraft beschieden bleiben, Ihre Meisterwerke weiter zu prägen und zu formen.

Vielleicht vergönnt mir »1950« einmal wieder einen ausführlichen Brief. Ihren herrlichen Goethe-Aufsatz von 1932 habe ich mir nicht mehr beschaffen können; ich konnte den Namen des Verlags aus Ihren freundschaftlichen Zeilen v. 8. 1. nicht genau entziffern. Können Sie mir gelegentlich noch einmal die Adresse des Züricher Verlages mitteilen? Sie wissen, daß nicht nur ich, sondern auch andere Freunde sich dieses Aufsatzes erinnert haben; einmal wurde in der Neuen Zeitung gelegentlich des Goethe-Rummels geschrieben, daß von der ganzen Fest-Literatur aus 1932 nur zwei Aufsätze von bleibendem Wert hervorragen: der Ihre, der andere von Ortega.

Ich wünschte Ihnen so sehr, daß Ihre großen und bedeutsamen Werke nicht nur in literarischer Hinsicht zu Sensationen werden, sondern daß sie Ihnen endlich auch größere materielle Erfolge bringen, damit Sie sich einmal ein wenig freimachen könnten von den beruflichen Pflichten und Jugend um sich sammeln könnten. Wie viel wäre zu sagen. Das deutsche Schicksal ist mitbestimmt und mitcharakterisiert durch die Tatsache, daß sich unter allen bedeutenden geistig Schaffenden der wilhelminischen Ära keine Persönlichkeit fand, die stark genug gewesen wäre oder gewirkt hätte, um einen maßgebenden Einfluß auf die geistige Haltung der Jugend zu nehmen. Der damalige Versuch Kerr's – zu unserer Jünglingszeit – war eine jener Gesten, mit denen er sich übernahm. Um Benn müßte sich ein viel größerer Kreis sammeln und ein viel bedeutenderer als um Jünger. Aber ich weiß, Sie wollen das gar nicht; trotzdem wäre es von großer Wichtigkeit.

Ob wir wohl noch einmal in irgendeiner Ecke zusammen einen Moulin à Vent schlürfen, der zarten und bezaubernden Erlauchten gedenkend?, 1914, 1918, 1923, 1933, 1942? –

Sie gehören zu den Lieblingen der Pallas, möge sie Sie weiter beschirmen. Ich spreche oft mit Ihnen, vielleicht hören Sie es; dann werden Sie mich auch im nächsten Jahr nicht ganz vergessen.

Eine glückliche Jul-Nacht mit allem Zauber, der zu diesen weihnachtlichen Tagen gehört für Sie und Ihr Haus! und für »1950« Kraft und die strahlende wärmende Sonne der einsamen Höhen!

In solchem Sinne Ihnen und der Gefährtin alles Beste – auch von meiner Frau –

Ihr

Seyerlen

73 BENN AN SEYERLEN

[Berlin, 9. April 1950]

Egmont Seyerlen
in alter Freundschaft.
Ostern 1950.   Gottfr. Benn.

[Widmung in: ›Doppelleben. Zwei Selbstdarstellungen‹. Wiesbaden: Limes 1950]

Tittmoning/Obb. 15. 4. 50

Großer Kamerad Benn!
Die Ostergabe ist angekommen. Ich kam noch nicht zum
Lesen; nur ein ganz kurzes Indiehandnehmen, Aufschla-
gen – aber ich habe die gemeißelten Gesichte gesehen über
Schluchten und Schluchzen der Abgründe des Unergründ-
lichen und das vertraute Singen der Sehne gehört, von der
brennende Pfeile schnellen. – Dank, großen Dank! Ich
möchte für Sie, den großen Kameraden, den großen »feindlichen Bruder« von damals zum Dank eine Arbeit schreiben; ob ich wohl noch dazu komme?

Vorerst werde ich mich als »Hauptschuldiger« vor dem
Kassationshof in München zu verantworten haben, obwohl nie Pg., sondern von der Gestapo wegen Weigerung,
in die Partei einzutreten, seit 1942 in ein Verfahren verwik-
kelt. Aber da ich den Marxismus bekämpfe und in Hitler
nur eine Variante des Ungeists dieser Orthodoxie der
Diktatur und des Terrors sah, bin ich der Inquisition der
Partei-Päpste ausgeliefert.

Halten Sie durch: Sie müssen sich noch mehr durchsetzen. Hoffentlich sehen wir uns noch einmal; ich habe
darauf die letzten vier Jahre gehofft.

Heißt der Zür'cher Verlag, der den Goethe-Aufsatz von
1932 neu herausgebracht hat, ARCHE-Verlag? Bitte, geben
Sie mir die Adresse; ich muß die Lücke in meiner Benn-
Bibliothek schließen.

Händedruck und Kraft Ihnen und der Gefährtin
Ihr

Seyerlen.

Tittmoning, 8. X. 50.
Stadtplatz 36.

Großer Kamerad BENN:

immer wenn im Reigen des Jahres der Sommer sich neigt, wenn das Blendende, Lodernde des Reifens sich verwandelt in Leuchten und Glanz des Gereiften, Erfüllten, – wenn die Gletscher in diesem Leuchten erglühen, – immer dann wird das Heimweh stärker nach Ihnen und ich trauere, daß wieder ein Jahr verging, ohne daß wir uns sahen, die Hand gaben, sprachen. Aber wir haben ja annähernd fünfzig Jahre geübt, ohne Tränen hinzunehmen. Und es bleiben immer Ihre große Stimme und Ihre großen Gesichte zur Begegnung dort, wo die letzten Griechen vor dem Palladium wachen. Ich begegne Ihnen dort oft – und immer dankbar.

Ich habe mit Freude verfolgt, wie Sie sich durchsetzen, wie Sie fast Mode werden. Ich weiß, daß Sie auch dafür nur ein Lächeln haben; aber es braucht kein bitteres zu sein. Nehmen Sie den großen Wolfgang zum Beispiel, der noch bis Achtzig alle Chancen nutzte – einschließlich des Burgunders. Sie sollten noch einmal nach Paris, nach Rom, Tyrrhenisches, Atlantisches atmen und Zeugnis ablegen, daß wir diesen Ursprung nicht verraten haben. Die politische Klimaverschlechterung durch überseeische Verbürgerlichungs-Versuche kann die atlantische Dünung nicht beirren. Auf dem Weg nach Rom ein kleiner Abstecher in die alpine Urlandschaft, bitte!

Ich wäre längst gerne einmal nach Norden gekommen, Hamburg, Berlin – aber noch bin ich unbeweglich, noch im Verfahren als Hauptschuldiger, das fesselnd ist, nicht nur wegen der damit verbundenen Auflagen, sondern auch

wegen der in seinem Verlaufe sich manifestierenden unvor-
stellbar grotesken Dummheit und Gemeinheit. Beide gefährlich, aber nicht reizlos. Ich möchte keine Stunde mis-
sen von 1930 bis 1945 und keine danach bis heute. Der
Geist bleibt immer aufnehmend und wollend, nur das
Fleisch wird alt, macht schlapp.

Bleiben wir auf dem Posten, guter feindlicher Bruder,
treuer Freund, großer Kamerad BENN! Stehend sterben
und lächelnd, nur nicht wichtig, nur nicht bitter, immer
unter dem alten Wappen »NOCH«.

In dankbarer Verbundenheit

Ihr Seyerlen.

76 Benn an Seyerlen

[Berlin, Oktober 1950]

Hier sehen Sie mein Bild (47) u. können manches über
mich lesen, falls Sie eine Viertelstunde Zeit dafür haben.

Ihr GB.

[Widmung in: ›Wie sich Verdienst und Glück verketten.
Fünf Jahre Limes Verlag‹. Prospekt. Wiesbaden 1950]

77 Benn an Seyerlen

[Berlin] 28 XII 51

Caro mio, wann waren Sie in der Klinik? Kur oder Operation, wenn Letzteres: welcher Art?

Was treiben Sie eigentlich jetzt? Wie geht es Ihrer Frau?
Ich komme im Frühjahr nach Bayern, teils zu Vorlesungen,

teils privat (Einladungen nach Basel, Zürich, Genf, Wien, Paris), vielleicht können wir uns sehn? Alles Mögliche zu erzählen, Gutes u. Böses!

Mit Grüssen an Ihre Frau immer Ihr Bozenerstrassen-höhlenbewohner:

Benn

78 Seyerlen an Benn

[Tittmoning, 13./14. April 1952]

Estimatissimo gigante
als Höhlenmolch getarner Welt-Eroberer – wenigstens in jenen Reichen, auf die es ankommt –

Dank für Gedanken und Grüsse zu Jul und Sonnen-wende! – Wenn Sie gen Süden eine Triumph-fahrt antre-ten, lassen Sie es mich wissen. Ja, wirklich, viel zu erzäh-len, was alles nicht zu schreiben. Immer noch und nur die Schwerter halten. Ich versuche – nachdem mein Pro-cess nach 6 Jahren, die mich mein Vermögen und meine Gesundheit gekostet haben, aus dem Hauptschuldigen einen vom Gesetz nicht Betroffenen statuiert hat – ein kleines neues Unternehmen aufzuziehen – hier im Urwald. Meine Frau hilft dabei – und einige alte Kameraden. – Operation kommt erst, wenn ich sie finanziell und kräfte-mässig verkraften kann. Das übliche – in Ihre branche schlagend. –

Möge Pallas' Liebe und Gunst Sie schützen und fördern! – und immer wieder Auferstehung erleben lassen.

In unverbrüchlicher Bewunderung und Verbundenheit Ihr

Seyerlen

Ostern 1952.

[Grußkarte: Beste Wünsche für ein glückliches neues Jahr]

[Berlin, Ende Dezember 1953]

Lieber Egmont, wenn ich auch in der Tat nicht schreibe, denke ich doch oft an Sie. Wüsste gerne, was Sie treiben, wie es Ihnen gesundheitlich geht, wie es Ihrer Frau geht usw. Aber auch Sie verschleiern ja Ihre Existenz immer von Neuem. Vielleicht bin ich im März in München u. melde mich vorher bei Ihnen.

Müdigkeit, Melancholie, Marasmus um das Haupt von

G.B.

[Berlin] 2 III 54

Lieber Egmont,
wie geht's? Ich bin am 9. u. 10 III in München, wohne im Bundesbahn-Hotel (im Bahnhof, angenehm, modern) – haben Sie zufällig was in München zu tun?

Ich bin etwas in Anspruch genommen dort, halte Vortrag in der Akademie d. Sch. K., aber für Mittwoch 10 III hätte ich Zeit.

Geben Sie mir doch bitte Nachricht nach München ins Hotel, wo ich am 8 III eintreffe (vorher Stuttgart, wo Radiovortrag) (Tenor: tags schläft er, abends singt er). Wäre reizend, Lamoral wiederzusehn!

Tausend Grüsse, auch an Ihre Frau.

Ihr alter morscher, morbider, marantischer Greis:

G.B.

[Tittmoning] 6. 3. 54.

Benn-ito!

fortunatissimo, dass Sie nach München kommen – auf grosse tournée, wie ich ersehe;

noch beglückter, dass Sie mir diesmal die chance geben, Sie wiederzusehen!

werde 10. 3. in München sein; evtl. versuchen, Sie am 9. 3. anzurufen zwecks zeitlicher Abstimmung; bitte, hinterlassen Sie im BuBa-Hotel, wann Sie evtl. 9. 3. telefonisch zu erreichen sind.

à tantôt obligatissimo

Lamoral.

82 SEYERLEN AN BENN

[Tittmoning] 14. 3. 54.

Benn – Grande der Pallas

Opfer des Ruhms!

darf ich hoffen, dass der Rückflug erträglich war, dass Sie ihn nach so viel Anstrengungen ohne Schaden bewältigt haben? – dass Sie nunmehr wieder in der gewohnten Atmosphäre unter dem Schutz Ihrer Penaten sich erholen?

dass Sie Nachsicht walten lassen gegen meine Aufdringlichkeit, aber 3 Stunden nach 12 Jahren ist unter so alten Gefährten entschuldbar – und der Abflug-Tag zählt nicht.

Für das grosse Geschenk nochmals grossen Dank! – alle Züge, die mir unverlierbar blieben, waren noch da, alles Wesentliche unverwelkbar.

Ich glaube nicht an den Abschied auf der Strasse, ich

hoffe, dass ich Sie wiedersehen darf – ferner von Schaustel-
lungen, ohne Termine, bei schweigendem Ausruhen, bei
einer Art 3. Akt der drei alten Herren.
  Ihr

                                              Egmont

Einen Handkuss der leider unbekannten Gemahlin!

83 Benn an Seyerlen

                                    [Berlin] 16 III 54

Lieber Egmont, ich hoffe, Sie sind gut zu Hause angekommen –, ich sandte heute den Band von Paul Bold an Sie,
bitte *gelegentlich* zurück, aber keine Eile, 1 Jahr können Sie
es behalten.
  Ich denke unaufhörlich an die beiden tragischen Tage
unseres Zusammenseins. Nie in meinem Leben war ich so
ermüdet, so zerrüttet wie in München, so ausserhalb u.
unterhalb meiner sonstigen Persönlichkeit, ich kann mir
solche Reisen mit Vorträgen u. Empfängen nicht mehr
leisten, ich konnte es eigentlich nie, aber jetzt sind meine
Kräfte doch sehr verbraucht u. ich kann nur noch still u
zurückgezogen in meinem bescheidenen Heim dahinleben. Seien Sie mir nicht böse, wenn ich reizbar und
verschlossen war, ich hatte mich dabei so sehr auf Sie
gefreut u. habe auch von Neuem den Eindruck gewonnen,
dass ich *nur* mit Ihnen gewisse Themen erörtern könnte,
die mich bewegen. Hier habe ich erstmal 2 Tage im Bett
gelegen u. mich ausgeschlafen. Nun beginnt wieder das
neue in Sichhineinfragen, ob nicht alles verkehrt war, was

ich in meinem – zu langen – schriftstellerischen Leben geschrieben u. getrieben habe, ob nicht der glatte, konventionelle Gemütstyp richtiger ist u. mehr Freiheit hat, sich zu äussern.

Tausend Grüsse an Ihre Frau u. Sie. Dank dass Sie gekommen waren. Vergessen Sie nicht ganz Ihren seit 42 Jahren mit Ihnen verbundenen

Gottfried Benn

84 Seyerlen an Benn

Tittmoning 21. III. 54

Bennito – grande y martir!
Ihre freundschaftlichen Zeilen vom 16. 3. haben mich etwas beruhigt. Vielen herzlichen Dank! Sie haben also den Rückflug überstanden. Dass Sie sehr angestrengt und müde waren von all den Anforderungen und Ansprüchen, die man in München an Sie stellte – einschliesslich der meinigen – ist doch nur natürlich, – oder im Intellektual-Jargon: doch nur zu verständlich.

Sehr vernünftig, dass Sie ausgibg geschlafen haben. Sie wissen ja selbst, wie viele »Grosse« – und sehr Kluge – sich oft in tagelangen Schlaf zurückzogen, wenn das Carussell-Fahren eine Unterbrechung notwendig machte. Ich fand Sie in erstaunlich guter Form; alle Züge völlig unverwischt: ganz der Schalk von ehemals im Hintergrund. Wenn die Stoff-Wechsel-Apparatur eine – der doch immerhin einige Jahrzehnte dauernden, starken Beanspruchung gemäße – Rücksicht verlangt – so doch nach ihrer Eigengesetzlichkeit völlig berechtigter Weise. Vergönnen Sie ihr wieder eine Zeit lang ein gewisses stilles Dahinleben – dies beeinträchtigt das Zwiegespräch mit den Stimmen aus dem Dunkel nicht, das in Sichhineintragen bzw. das Hören u. GeHören, das Horchen und GeHorchen den Weisungen oder Weisen, des Sie Bestimmenden. Zweifel sind in diesen Sphären unzulässig – wenigstens solche, wie Sie andeuten. Wie können Sie die Maßstäbe des konventionellen Gemütstyps überhaupt in Vergleich ziehn. Dass er marktgängiger ist, ist doch kein Kriterium für Rechte oder Richtigkeiten. – Wo gibt es mehr Treue dem Bestimmenden gegenüber, wo mehr Ehre der Verpflichtung auf das Weisende gegenüber, wo mehr Stil und Haltung in der Consequenz als bei Ihnen? Eine Vorstellung wie »verkehrt« gibt es ja garnicht in den Bereichen, aus denen Ihre Stimme und Bestimmung kommt und auf die sich Ihre Aussagen beziehen. Das sind kleine Nebengeräusche aus der Apparatur und Schwankungen des sie in Funktion erhaltenden Stromnetzes. Man muss das eben vorbeugend abstellen – durchschlafen.

Aber es ist wirklich eine elende Schande für alle deutschen Universitäten, dass man Ihnen nicht längst einen Lehrstuhl angeboten hat, um Vorträge wie über George, Heinrich Mann, Goethe u.a.m. der Jugend zugänglich zu machen in Verbindung mit dem Fluidalen, Suggestiven, Strahlenden, das von der Persönlichkeit ausgeht und sich im Rahmen einer Vorlesung, eines Seminars in geschlossenem Kreise stärker und intensiver auswirkt als in einer Schaustellung coram publico.

Ich bin Ihnen dankbar, – böse war ich nie, das wissen Sie seit 42 Jahren. Warten wir, ob es sich zeigt, dass man irgendwo einmal Atem holen kann – nicht zu ferne, um – wenn gelaunt und wenn geneigt – eine Dämmerstunde zu verratschen.

Mir geht es ja seit 42 Jahre wie Ihnen. Manches kann ich nur mit Benn aussprechen – und ich habe es auch getan in den Jahren ohne Begegnungen.

Vielen Dank für Junge Pferde. Es ist nicht ganz die Musik wie ich sie noch im Ohr hatte – aus der Zeit bei Cassirer. Ich werde das Bändchen kein Jahr beanspruchen. Sie erhalten es früher zurück.

Aber bitte schreiben Sie mir immer ein Zettelchen, wenn irgendwo was von Ihnen veröffentlicht wird.

Sie bleiben für mich der Unverlierbare und Unvergessbare!

Viel und guten Schlaf, – ein störungsfreies – wenn auch nur genügsames – Milieu, Bescheidung als die angenehmste Weisheit unserer Jahre, und im Wachen die unzerstörbare Lust des Spielens, des Dirigierens das ganze Orchester der Ihnen verfügbaren Stimmen.

Ihr Egmont.

Darf ich für die Gemahlin einen Handkuss übermitteln?

[Berlin, 13. 4. 1954]

Egmont,
Ostergruss 1954,
nicht viel wert,
kleine Nachlese,
nur Zwei Dinge (S. 19), Zerstörung (S. 9),
lieber spazierengehn durch die Wälder von Tittmoning,
kleinen Wermuth trinken,
früh schlafen gehn.

  Gruss an Ihre Frau

                                    Ihr Gottfried Benn

[Widmung in: ›Destillationen. Neue Gedichte‹. Wiesbaden: Limes 1953]

86 BENN AN SEYERLEN

Egmont Seyerlen
zur Erinnerung an das tragische Wiedersehen in München
im März 1954.
  »– die weisse Perle rollt zurück ins Meer –« (G.B.)
  »– die Schwalben streifen die Fluten
  und trinken Fahrt u Nacht« – (GB)
  »– Leben ist Brücken schlagen
  über Ströme, die vergehn« (G.B.)

1 VI 54   Gottfried Benn.
                                    (West-Berlin)

[Widmung in: ›Altern als Problem für Künstler‹. Wiesbaden: Limes 1954]

87 BENN AN SEYERLEN

[Grußkarte: Herzlichen Glückwunsch zum neuen Jahre]

u. Grüsse u häufiges Gedenken! Immer Ihr

Benn

[Berlin, Dezember 1954]

88 SEYERLEN AN BENN

Tittmoning, Obb. 21. 12. 55

Bennito – grande y martyr –
einmal im Jahr genehmigen Sie huldvoll solch kurzes
Zeichen der Gedanken und des Gedenkens, die sich viel
und oft das Jahr über mit Ihnen beschäftigen. Sie haben
sich in unnahbares Schweigen zurückgezogen. Verständlich, aber schmerzlich für feindliche Brüder. Manchmal
wenigstens – wie früher – ein kurzer Hinweis auf Ihr
Werken. Soweit publiziert, mit jenen unscheinbaren Merk-
zeichen der Ihnen Nächsten und Entsprechendsten – wäre
freundschaftlich – und tröstlich für den Pfadsucher, zu
ahnen, wo Sie gehen und stehn – in schwindligen Höhen –
auf dem Weg, der uns vorgeschrieben. Ich bekomme auch
vom Limes-Verlag keine Prospekte mehr. Und da ich mich
– wie Ihnen bekannt – ansonsten nicht mit dem Quatsch
der Presse befasse und zerstreue – stosse ich nur zufällig auf
die Wunder, die sich – leider nur ganz selten – in die
Makulatur verirren. So auch fand ich die Melancholie –
»er gibt nur manchmal kurzbelichtet Zeichen«
– –
»nur Aeon schweigt, er hält die Perlengabe« –

erschütterndste Begegnung dieses Jahres; und immer wieder unwahrscheinliche Steigerungen dessen, was mir schon epochal schien in dem, was ich besitze – teils mit Ihren Grüssen alter Kameradschaft – und in dem ich viele Stunden des Jahres verlebe.

> [Herzliche Weihnachtsgrüsse
> und beste Glückwünsche
> zum neuen Jahre]

Den drei alten Männern wird noch ein Gespräch der drei Weisen aus dem Perlenland folgen müssen; denn der Melancholie gegenüber hält das nicht mehr stand. Im Unaufhörlichen liegt das schon; eine junge bizarrgewachsene Muschel: Perl-Mutter, in der schon Perlen ungeahnter Steigerungen keimen.

Es bleibt nichts zu wünschen, als dass Ihnen die Perlengabe bleibe!

Ich hoffe, Sie verbringen die Festtage in »ausgzeichneter« Verfassung; dabei behaglich nach Ihrem Sinn. Das neue Jahre wird hoffentlich für weitere Auszeichnungen sorgen – Sie werden viel über sich ergehen lassen müssen. Ich wünschte Ihnen, dass das Nobel-Committy eine helle Stunde habe, um eine richtige Entscheidung zu fällen – das nächste Mal. Dann könnten Sie sich einmal wirklich erholen.

Vergessen Sie nicht ganz den Einöd-Bauern und üben Sie Nachsicht gegen seine Methode, auf eine weniger kostspielige Weise der Verkalkung vorzubeugen – so lange und soweit es möglich ist – als diejenigen es tun müssen, die vom vielen Carrussell-Fahren den Drehwurm bekommen. Es bedrückt manchmal, einer Rasse zuzugehören, die nichts anderes kann und sucht, als dem Schöpfer das Hemd hochzuheben – und dabei nichts als die Excremente

bzw Atombombe zu entdecken vermag. Sie lebe hoch!
wenigstens eine Hoffnung, dass dieser Dreck einmal weg-
gefegt wird.

Ex oriente lux – aus dem fernen Osten allerdings nur –
der nahe ist schon inficiert.

Ihr Seyerlen

89 Seyerlen an Benn

[Tittmoning] 30. 3. 56.
Bennito – Grande,
Ostern 1954 kam Ihr letzter Gruss, ein kostbarer Gruss wie
immer. Ich hoffe, dass Sie gesund sind und dass nur die
hohe Schule, das Spielen auf dem Brett, das Berühren und
Entführen, die Gipfelsicht auf das Spectaculum des Unaufhörlichen Ihnen keine Zeit lassen zu burschikosen Ab-
schweifungen.

Sie begleiten mich – wie seit mehr als 4 Dezennien –
immer und immer habe ich Ihnen zu danken –
immer Gewölke der Feuer, immer die Flammen der Nacht
um Dich, Tiefer und Treuer, der das Letzte bewacht. –
Jene zerwalzten Generationen, aus denen wir aufbrachen,
und mit denen die Maßstäbe und die Tradition der Werte
eingeackert wurden, werden im grossen Schweigen die
Degen senken am 2. V.
Wo alles sich durch Glück beweist, und tauscht den
Blick und tauscht die Ringe
im Weingeruch, im Rausch der Dinge, dienst Du dem
Gegenglück – dem Geist!
Vergessen Sie nicht bei der grossen Parade, die am 70.sten
aufziehen wird, Gruss und Ehrung der im Grossen Schwei-
gen Unsichtbaren.

72

An der Schwelle hast Du wohl gestanden, doch die
   Schwelle überschritten – nein
denn in meinem Haus kann man nicht landen, in dem
   Haus muss man geboren sein.
                    [Herzliche Ostergrüsse]
Di Lei obbligatissimo
                    Lamoral, der Anemonen-Freund.

90 BENN AN SEYERLEN

                                      [Berlin] 3 IV 56

Lieber Egmont, es ist sehr lieb von Ihnen, mir zu Ostern zu
schreiben, obschon ich auf Ihren Neujahrsgruss nicht antworten konnte. Aber genau zwischen Weihnachten u Neujahr haschte es mich u ich lag lange im Krankenhaus u liege
seitdem hier in meiner Matrazengruft herum. Zu langwei-
lig, alles zu erzählen. Eine plötzlich schwere Darmblutung,
aus heiterem Himmel, man dachte natürlich an Carcinom,
waren aber Geschwüre im Zwölffingerdarm usw. (alte
Processe, nach Meinung der Internisten u Röntgenologen)
aber ich habe nie in meinem Leben je gewusst, dass es
Darm u Magen überhaupt gibt, so gesund war alles. Nun, es
ging vorüber, aber einige neue Krankheiten im Gefolge der
Ernährungsumstellung: ein schweres Ekzem an Hals u.
Armen, ich bin verbunden u kann keinen Kragen umbin-
den. Rauchen, Trinken, Essen – verboten. Ich soll Pellkar-
toffeln essen u. natr. bicarbonic trinken. Ekelhaft. Bis in
mein 70. Jahr war ich kerngesund u nun plötzlich diese
Baisse. Na, Schnauze halten und salben u hungern – das ist
ein feines Ende vom Lied. –

Hätte Ihnen manches zu erzählen. Leo *Matthias* war im Sommer hier, lebt jetzt in Ascona, holt hier Wiedergutmachungsgelder, ist der unausgeglichenste u. undisciplinierteste Mann, dem ich begegnet bin. Aber es würde zu weit führen, das zu erzählen. – Vor wenigen Tagen bekam ich Brief von Dr. Hoekstra aus dem Haag, Sie erinnern sich, Regensburgerstr.!! Geht ihm anscheinend gut. – Ja der 70. Geburtstag wird ganz schlimm. Könnte ich verreisen, ginge ich fort, aber mit soviel Salbentöpfen u. Diätvorschriften kann man nicht verreisen. – Renée kränkelt auch herum u ist missgelaunt. Lebt nur noch für ihren Hund! Und Sie? Was machen die Geschäftchen? Floriert alles?

Oh Egmont, 5 Doktorarbeiten sind jetzt über mich erschienen, Schallplatten (à M 20 das Stück) von mir besprochen, Fernsehaufnahmen, Ausländerbesuche, die mich belästigen, neue Frauen mit Blumen u Wein u. Lapsang Thee, die mich verfolgen, u. man sitzt als alter schäbiger Mann am Schreibtisch, nein: man *steht,* habe mir ein *Stehpult* anschaffen müssen, da ich nur im Stehen schreiben soll, um den so verehrten Bauch nicht zu drücken – à la merde das Ganze u. das Alles heisst Lebensabend.

Grüssen Sie Ihre nette Frau herzlich. Meine pflegt mich rührend u ist mein Stecken u Stab. usque ad finem Ihr

Benn

»Die weisse Perle rollt zurück ins Meer«
(aus »Welle der Nacht«)   G.B.

Egmont
in alter Freundschaft usque ad finem.
[3.] IV/56.   Gottfried Benn

[Widmung in ›Aprèslude. Gedichte 1955.‹ Wiesbaden:
Limes 1955]

92 SEYERLEN AN ILSE BENN

                              Tittmoning, Obb.
                              15. 7. 56.
Verehrteste gnädige Frau –
Die Anzeige vom Tode Gottfried Benns ist zu mir in den
Urwald gekommen; sie hat ein tiefes Verstummen ausge-
löst. Schweigend wurden die Pylone entflammt, die dump-
fen Wirbel der Trommeln gerührt, die Degen gesenkt, die
Banner auf Halbmast gesetzt –
                immer Gewölke der Feuer,
                immer die Flammen der Nacht
                um Dich, Tiefer und Treuer,
                der das letzte bewacht –
Aber über den Symbolen des Schmerzes, der Trauer, der
Verehrung stand ein Leuchten und Lächeln der Unsterb-
lichkeit. Gottfried Benn, ein Liebling der Pallas, stirbt
nicht. Seine Grösse, für die trotz allen Ruhmes der Mitwelt

die Maßstäbe fehlen, weist über alles Zeitgebundene
hinaus –

Das Leidende wird es erstreiten
das Einsame, das Stille, das allein
die alten Mächte fühlt, die uns begleiten
und dieser Mensch wird unaufhörlich sein.

Gottfried Benn wird unaufhörlich sein; er wird denen, die
ihm nahe standen immer gegenwärtig bleiben –

ewig im Wandel und im Wandel gross.

———————

Nicht mehr Stirb und nicht mehr Werde;
Formstill sieht uns die Vollendung an.

Gottfried Benns Werk ist die grosse, unerschöpfliche Kraft,
die er Ihnen, verehrteste gnädige Frau, hinterliess, der
Gefährtin, die sein »Stecken und sein Stab« war, wie er in
seinem letzten Briefe schrieb.

Trost wäre nicht in seinem Sinne; wenn Sie ihn brau-
chen, wer könnte sich anmaßen, ihn zu geben, wenn nicht
Gottfried Benns Werk.

Aber genehmigen Sie, verehrteste gnädige Frau, den
Ausdruck hoher Verehrung eines Ihnen Unbekannten, den
45 Jahre einer – wie wir es nannten »feindlichen Brüder-
schaft« – mit Gottfried Benn verbanden.

In tiefer Trauer Ihr sehr ergebener

R. O. Egmont Seyerlen

ANMERKUNGEN

Die Originale der Briefe Gottfried Benns an Egmont Seyerlen befinden sich im Deutschen Literaturarchiv, die der
Nummern 15 und 73 in Privatbesitz, ebenso die erhaltenen
Briefe Seyerlens an Benn. Sie werden hier, mit Erlaubnis
der Erben und des Deutschen Literaturarchivs, vollstän-
dig wiedergegeben. Ausgeschieden wurden lediglich fünf
Rezepte Gottfried Benns für seinen Patienten Seyerlen:
vom 5. Mai 1922 (Tierkohlekompretten), vom 17. Juli 1922
(Veronal), vom 9. März 1923 (Roborans für Gewichtszu-
nahme und bei Hautkrankheiten), vom 8. April 1924 (Veronal) und vom 19. April 1924 (Mullbinde). Aus Briefköpfen,
Poststempeln oder gedruckten Glückwünschen übernom-
mene oder erschlossene Angaben stehen in eckigen Klam-
mern.

Der Lebensgang Egmont Seyerlens ist nur spärlich
dokumentiert. In seinem Nachlaß, den das Deutsche
Literaturarchiv 1966 erwarb, befinden sich nur diejenigen
Korrespondenzen, Widmungsexemplare und Zeitungsarti-
kel, die dem Empfänger selbst aufhebenswert schienen,
darunter kleine Briefkonvolute von Gottfried Benn, Paul
Boldt, Moritz Heimann, Kurt Hiller, Alfred Kerr, Leo
Matthias, Robert Musil, Ernst Rowohlt, Ernst Weiß und
Alfred Wolfenstein, zumeist aus den Jahren 1912–1925.
Akten des Generalklägers beim Kassationshof über ein
1949/51 anhängiges Spruchkammerverfahren verwahrt
das Amtsgericht in München. Eine biographische Skizze
durch den Herausgeber, versehen mit den überlieferten

Porträts und weiterführender Literatur, bietet Heft 18 der von der Deutschen Schillergesellschaft veröffentlichten Reihe ›Spuren‹: »Sie bleiben für mich der Unverlierbare und Unvergessbare!« Egmont Seyerlen (1889–1972), ein Freund von Gottfried Benn aus Stuttgart‹ (Marbach/Neckar 1992).

Zu danken ist für freundliche Auskünfte: dem Archiv der Humboldt-Universität Berlin, dem Militärgeschichtlichen Forschungsamt Freiburg, der Städtischen Kunsthalle Mannheim, dem Amtsgericht München, dem Bundesarchiv Abteilungen Potsdam, dem Stadtarchiv und dem Baurechtsamt in Stuttgart, dem Kunstmuseum Winterthur; im Deutschen Literaturarchiv Ute Doster, Ingrid Kussmaul und Adelheid Westhoff; für mancherlei Hinweise vor allem Helmut Heintel, Hannes Lamp, Werner Rübe, Dierk Rodewald und Marguerite Schlüter. Als Schwägerin Egmont Seyerlens steuerte Frau Marie Herber bereitwillig viele wertvolle Ergänzungen bei.

Ilse Benn hat sich eine Edition der Zeugnisse dieser »seltsamen Freundschaft« (Nr. 72), von deren Faszination für Gottfried Benn »usque ad finem« sie oft berichtete, immer wieder gewünscht. Sie erscheint nun, ihr zugedacht, im Jahr ihres achtzigsten Geburtstags.

G. Sch.

ABKÜRZUNGEN

Briefe I
Gottfried Benn: ›Briefe an F. W. Oelze 1932–1945‹. Hrsg. von Harald Steinhagen und Jürgen Schröder. Wiesbaden/ München 1977.

SW I–V
Gottfried Benn: ›Sämtliche Werke. Stuttgarter Ausgabe‹. In
Verbindung mit Ilse Benn hrsg. von Gerhard Schuster.
Stuttgart: Klett-Cotta 1986ff.

Katalog 1986
›Gottfried Benn 1886–1956. Eine Ausstellung des Deutschen Literaturarchivs im Schiller-Nationalmuseum‹. Be-
arbeitet von Ludwig Greve in Zusammenarbeit mit Ute
Doster und Jutta Salchow. Marbacher Kataloge 41. Hrsg.
von Ulrich Ott. Marbach/Neckar 1986.

Wirkung wider Willen
›Benn – Wirkung wider Willen. Dokumente zur Wirkungs-
geschichte Benns‹. Hrsg., eingeleitet und kommentiert von
Peter Uwe Hohendahl. Frankfurt/Main: Athenäum 1971.

BRIEFWECHSEL 1914–1956

1
Datierung von fremder Hand. Der 18. März 1914 war ein
Mittwoch, der von GB erwähnte Montag fiel auf den
23. März, die Lesung fand am Abend des 24. März statt.
Vgl. die Reminiszenz in Nr. 67.
meine Gedichte: Nach der zweiten selbständigen Veröffentlichung, dem Gedichtband ›Söhne‹ vom Oktober 1913
(Berlin-Wilmersdorf: Alfred Richard Meyer), hatte GB nur
wenige Gedichte in Zeitschriften publiziert, die im Ton des
seit dem ›Morgue‹-Zyklus Erprobten bleiben und seine
schöpferische Stagnation dokumentieren. Im März brach-
ten die ›Weißen Blätter‹ die Szene ›Ithaka‹ (künftig SW
VII).

die Meerfahrt: GB hatte sich schon am 13. März von Paul Zech wegen einer bevorstehenden »größeren Auslandsreise« verabschiedet (vgl. ›Ausgewählte Briefe‹, Wiesbaden: Limes 1957, S. 12), die er am Samstag, den 4. April 1914 als zweiter Schiffsarzt des Doppelschrauben-Postdampfers ›Graf Waldersee‹ antrat. Dichterisch evoziert wird das Erlebnis etwa 1944 im Abschnitt ›Völliger Gegensatz zu Schifferkreisen‹ seines ›Romans des Phänotyp‹ (SW IV, S. 403–405). Die wachsende zeitliche Distanz gestaltet den wohl nur eintägigen Aufenthalt im Hafen von New York zu einem biographischen Einschnitt, den viele Briefe und die Reminiszenz an Enrico Caruso in ›Doppelleben‹ bezeugen (SW V, S. 143, 28–33).

Montag Nachmittag: Am 23. März; wohl die mehrfach verschobene Vorbesprechung für die Lesung der »Feindlichen Brüder« am Abend des folgenden Tages im Kunstsalon Cassirer, Victoriastraße 35. Am 10. März hatte Wolfenstein Egmont Seyerlen mitgeteilt: »Die Besprechung zum Cassirer-Abend habe ich mit Benn etc. auf Sonnabend [14. 3.]verabredet. Du musst unbedingt dabei sein, telef. mich sofort nach Ankunft hier an.« (DLA) Vgl. das Nachwort, S. 109f.

2

Die veränderte zweite Ausgabe der ›Gesammelten Schriften‹ wurde im Januar 1923 ausgeliefert; zum Inhalt beider Drucke vgl. die Übersicht in SW I, S. 345.

Frau Vera Violetta: Näheres nicht ermittelt.

3

Stubbenkammer: Mit wem GB den Urlaub auf Rügen verbrachte (Adolf = Gertrud Zenzes?), ist nicht bekannt.

4

Die Quittung (im Format 10,8 x 2,5 cm) bezieht sich auf Gabriele d'Annunzios Roman ›Lust‹ in der Übertragung von Maria Gagliardi (Berlin: S. Fischer, seit 1898; aufgenommen in Fischers ›Bibliothek zeitgenössischer Romane‹ 1909). Gerühmt wird bei der seit 1929 bis noch 1950 wiederholten Beschäftigung GBs mit d'Annunzio dessen Roman ›Feuer‹ (Berlin: S. Fischer, seit 1900; übersetzt von Maria Gagliardi).

5

Regensburgerstr. 26: Seyerlen bewohnte die linke Hochparterrehälfte dieses Hauses im sogenannten »Bayerischen Viertel« von Berlin-Schöneberg zwischen circa 1922 und Anfang 1925; GBs Wohnung Passauer Straße Nr. 19 lag unweit.

6

Eberbach: Über diesen Aufenthalt GBs im Kurort Eberbach (Odenwald) ist nichts bekannt.
Yolla ... Dora: Näheres nicht ermittelt.

7

Frau O: GB hatte die Opernsängerin Ellen Otilia Overgaard, geb. Simmelkjaer im November 1922 auf der Rückreise von der Beerdigung seiner Frau Edith Osterloh im Zug von Jena nach Berlin kennengelernt. Im April 1923 nahm die »Dänin« GBs damals siebenjährige Tochter Nele mit nach Kopenhagen; Nele wuchs seither im großbürgerlichen Haus der Overgaards am Öresund auf; Dr. techn. h.c. Christen Overgaard (1876–1954) war damals Verwaltungsdirektor der Schiffbauerei Burmeister & Wain; ihm ist

1933 der Essayband ›Der neue Staat und die Intellektuellen‹ zugeeignet.

Jetzt vor 1 Jahr: Egmont Seyerlen hatte sich von seiner ersten Frau Annemarie, einer Dänin (1885–?), mit der er seit 1909 verheiratet war, wegen ihrer Affäre mit Hans Fallada scheiden lassen. Vgl. das Nachwort S. 116.

Donnerstag: Am 19. Juli.

8

Als Kassiber gefalteter Notizzettel, adressiert: »S. H. Herrn Seyerlen privat!« Datierung von fremder Hand.

Sch[lösser] u Cr[amer]: Seyerlen arbeitete nach seiner Rückkehr aus militärischer Internierung in der Türkei im März 1919 bis 1924 in der Berliner Filiale der Firma Schlösser & Cramer, einem Import- und Großhandel für Woll- und Baumwollgarne (Hauptsitz Wuppertal-Elberfeld, begründet 1871).

9

Illo Winter: Die damalige Freundin von Seyerlen.

ein Telegramm: Von Ellen Overgaard. Das erste der beiden Gedichte GBs unter dem Titel ›Die Dänin‹ war soeben im Dezember-Heft der Zeitschrift ›Faust‹ erschienen (Berlin: Erich Reiss. Jg. 2, Heft 7, S. 17f.; SW I, S. 99f.).

das Unaufhörliche: Das Motiv wird 1931 im Oratorium ›Das Unaufhörliche‹ für Paul Hindemith gestaltet (künftig SW VII).

10

Das Gedichtheft ›Schutt‹ wurde im Februar 1924 ausgegeben; zum Inhalt vgl. die Übersicht in SW I, S. 346.

11

Hahnenklee: Über diesen Aufenthalt GBs in Hahnenklee-Bockswiese südlich von Goslar ist nichts bekannt.

12

Meine Affäre: Vielleicht stehen GBs Korrespondenz mit Bertha Schiratzki seit August 1924 und die Veröffentlichung der beiden Gedichte ›Ihnen, nubisches Land:‹ [›Widmung‹] (SW I, S. 118) und ›Wer bist Du –‹ (SW I, S. 104) im Februar-Heft des ›Querschnitt‹ in diesem Zusammenhang.

13

Husarengeneral: Vgl. Nr. 15 und Anmerkung zu Nr. 34.
»Frühlingsweben«: Nicht ermittelt.

14

Ob GB zu dem damals in Paris tagenden Internationalen Syphilidologenkongreß reiste, ist nicht mit Sicherheit zu bestimmen; die neben dieser einzige erhaltene Nachricht gilt Elsa Fleischmann und datiert vom 23. März 1925; sie belegt einen Aufenthalt bis nach dem 4. April. Der bis Anfang Mai 1925 niedergeschriebene Essay ›Paris‹ erschien im Juni-Heft der von Paul Landau redigierten Monatsschrift ›Faust‹ (Berlin: Erich Reiss. Jg. 3, Heft 11/12, S. 1–5; SW III, S. 139–145 mit Hinweisen S. 470–472).

15

Einödsbauern: Seyerlen hatte seit Sommer 1932 das Gut Murschall (Gemeinde Kay, bei Tittmoning) gemietet.

16

GB hielt seine Tischrede zu Ehren des sechzigjährigen
Heinrich Mann während eines Festbanketts des ›Schutz-
verbandes der deutschen Schriftsteller‹ in Berlin am
28. März 1931; sie erschien tags darauf in der ›Vossischen
Zeitung‹ (SW III, S. 315–322). Der kritischen Replik von
Werner Hegemann (1881–1936): ›Heinrich Mann? Hitler?
Gottfried Benn? Oder Goethe?‹ im ›Tagebuch‹ (Berlin:
Rowohlt. Jg. 12, Nr. 15 vom 11. April 1931, S. 580–588;
jetzt in Wirkung wider Willen, S. 144–149) antwortete GB
in der ›Vossischen Zeitung‹ vom 16. April 1931: ›Eine
Geburtstagsrede und die Folgen‹ (SW III, S. 323–326
mit Hinweisen S. 545–547). Das wohl kurz danach
bei Kiepenheuer veröffentlichte Bändchen (Originalformat 20,5 x 12,6 cm) enthält die Grußworte von Akademie-
präsident Max Liebermann, Kultusminister Adolf Grimme, Thomas Mann, Heinrich Mann, GB und Lion Feuchtwanger.

17

Ihre gütige Einladung: Eine Nachricht fehlt. – Seyerlen be-
saß aus gesundheitlichen Gründen einen zweiten Wohnsitz
in Oberbayern nahe der österreichischen Grenze. Gleichzeitig mit dem Gut Murschall (vgl. Anmerkung zu Nr. 15)
mietete er 1932 Räume in der »Burg«, einem ehemaligen
Jagdschloß der Fürsterzbischöfe von Salzburg über dem
Städtchen Tittmoning, wo ihn u. a. Renée Sintenis und
Hilde Rowohlt besuchten. Von Januar 1936 bis Juli 1964
wohnte er in der ersten Etage des barocken Hauses Stadtplatz Nr. 36.
Die Revolution ist da: In dieser Nacht brannte der Reichs-
tag.

»Leben ist Brückenschlagen...«: So im Gedicht ›Schleier-
kraut‹ (1925; SW I, S. 109).

18
Der von GB am 24. April 1933 in der ›Berliner Funkstunde‹
gesprochene Text erschien nach dem Erstdruck in der
›Berliner Börsen-Zeitung‹ auch als Titelaufsatz im Sammelband ›Der neue Staat und die Intellektuellen‹ (Stutt-
gart/Berlin: Deutsche Verlags-Anstalt 1933; SW IV, S. 12–
20 mit 502–506).

19
Die Broschüre von Wilhelm Westecker (1899–?), damals
Redakteur der ›Berliner Börsen-Zeitung‹, enthält einen
bebilderten Erlebnisbericht seiner Reise zu den ehemaligen Kriegsschauplätzen und Soldatenfriedhöfen in Belgien
und Frankreich.
Termophylae: Eine Parallelstelle in der ›Totenrede auf Max
von Schillings‹ vom 27. Juli 1933: »Wieder ist Marathon,
wieder Thermopylä, wieder Gesetz, das das Vaterland
befahl.« (SW V, S. 48, 17ff.) Vgl. auch die Bemerkung in
Nr. 70.

20
Originalformat 10,8 x 16,9 cm; verkleinert. – Seyerlen
beantwortete die Aufforderung »Komm, Lamoral!« wohl
mit einer Absage; sein Vermerk lautet: »Karte 30/III. 34«.
GB hielt bei dieser Gelegenheit seine ›Rede auf Marinetti‹
(SW IV, S. 117–120 mit Hinweisen S. 557–560).

21
Das Heft erschien innerhalb der von Heinrich Ellermann
hrsg. Reihe ›Blätter für die Dichtung‹ (Hamburg. Folge II,

Nr. 7 vom Januar 1936); GB erhielt die statt eines Honorars vereinbarten hundert Freiexemplare bereits vor Weihnachten 1935. Zum Inhalt des Heftes vgl. die Übersicht in SW I, S. 344.

24

Ihr Brief: Nicht erhalten.

ein Passbild: Vgl. die Abbildung in Katalog 1986, S. 188.

die 7 Gedichte: Die von GB auch im beigelegten Inhaltsverzeichnis mit Rotstift markierten Gedichte ersetzen folgende in der ersten Auflage beanstandeten Stücke: ›Mann und Frau gehn durch die Krebsbaracke‹ (1912; SW I, S. 16), ›D-Zug‹ (1912; ebd., S. 24), ›Untergrundbahn‹ (1913; ebd., S. 26), ›O, Nacht –‹ (1916; ebd., S. 46f.), ›Synthese‹ (1917; ebd., S. 50). Zum Inhalt der beiden Ausgaben vgl. die Übersicht in SW I, S. 340.

las Balzac: In der seit 1924 bei Rowohlt erscheinenden Ausgabe, dabei vor allem ›Vetter Pons‹ und ›Verlorene Illusionen‹; vgl. die Reminiszenz im Prosastück ›Franzosen‹ von 1939 (SW IV, S. 257 mit Hinweisen S. 652, 25ff.).

eine reizende Favoritin: Herta von Wedemeyer (1907–1945).

Création von Pathou: Die Pariser Parfum-Firma Jean Patou.

25

fürstliche Einladung: Vgl. GBs Brief an Elinor Büller-Klinkowstroem vom 23. März 1937: »Gestern abend [Montag, 22. 3.] war ich mit Seyerlen im Weinhaus Wolf u. wir haben uns mit Burgunder, in den wir Sekt taten, etwas besoffen. Ich war erst um 12 3/4 zu Haus, horrend für meine Gewohnheiten u. für Hannover. Es war sehr nett, Epoche 1912–1914 stieg auf, und dann 1920–1924. Es war nett, mal wieder mit einem Menschen seiner Epoche u. seiner

Gedankengänge zu reden. S. ist ja recht begabt immer gewesen u. hat Organ für Probleme u. Kunst. *Was* er eigentlich tut u treibt u. was ihn hierherführt, ist mir nicht klar. Er war ja immer ein großer Scharlatan u Ganove. Wir schrieben Karten an Rowohlt u. Renée Sint.[enis]« (Briefe V. Hrsg. von Marguerite Valerie Schlüter. Stuttgart: Klett-Cotta 1992, S. 196) Und am 4. Mai 1937 heißt es abermals: »Gestern [Montag, 3. 5.] tauchte mal wieder Egmont *Seyerlen* hier auf, geheimnisvoll u. düster. Ich gab ihm kaltes Abendbrot u eine Flasche Sekt (2,75 M), da er mich die letzten Male eingeladen hatte. Was er treibt, ist so unklar, wie alles an ihm immer war. – Immerhin erfreuen mich seine Besuche sehr. Man kann über Dinge sprechen, über die ich hier sonst nicht reden kann.« (Ebd., S. 215)

26
nach Berlin versetzt: Als Sanitätsoffizier zum Stab des Generalkommandos im III. Armeekorps. GB wohnte bis 22. Juli in der Pension Horschan, von da an in Berlin-Wilmersdorf, Kaiserallee 28/IV bei Frau von Zeschau, und mietete durch Vermittlung von Erich Reiss ab 1. Dezember 1937 die Wohnung Bozener Straße 20 in Berlin-Schöneberg.
Row.: Der Verleger Ernst Rowohlt (1887–1960); vgl. Anmerkung zu Nr. 65.

27
Antwortvermerk von Seyerlen: »Karte 21/9. 37.«
Die Angelegenheit: Der Angriff von Wolfgang Willrich in seinem Buch ›Säuberung des Kunsttempels. Eine kunstpolitische Kampfschrift zur Gesundung deutscher Kunst im Geiste nordischer Art‹ (München/Berlin: J. F. Leh-

mann 1937, S. 21, 23) und die Korrespondenz zwischen GB, Willrich, dem Verlag Lehmann, Heinrich Himmler und Hans Johst; vgl. Katalog 1986, S. 240ff.

29
schriftlichen Gruss: Nicht erhalten.
Goethes Venetian. Epigrammen: Der Band ist in GBs nachgelassener Bibliothek nicht mehr erhalten.

30
Originalformat 19 x 28 cm; verkleinert.

31
Telegramm: Nicht erhalten.

32
Die beiden Damen: Herta Benn und ihre Schwester Doris.
et la guerre ...?: Vgl. Nr. 33 und 38.

33
Vermerk von Seyerlen: »Ihn besucht 13/8«.
Brief: Nicht erhalten.
E r kommt: Vgl. GBs Prognose zum Kriegsausbruch im Gedicht ›General‹, entstanden nach dem 28. August 1938 (SW II, S. 113).
an Madame: Eine Nachricht fehlt. Seyerlen heiratete Auguste Herber (1910–1977) am 27. Dezember 1938.

34
Der grosse Dessauer: Seyerlen hatte entscheidende Jugendjahre 1904–1908 bei der Schwester und dem Schwager seiner Mutter in Dessau verlebt (dem »Zöppich« des Romans); seine Pferdepassion und die freundschaftlichen

Beziehungen zu dort garnisonierten Kavallerieoffizieren bewogen ihn, den Militärdienst 1908 als Einjährig-Freiwilliger bei den Zieten-Husaren in Rathenow abzuleisten. Die Eindrücke werden im fünften Kapitel der ›Schmerzlichen Scham‹ ausführlich geschildert (S. 404–545). GB spielt hier auch an auf den »alten Dessauer«, Leopold I. Fürst von Anhalt-Dessau (1693–1747), den volkstümlichen Feldmarschall König Friedrich Wilhelms I. und Friedrichs II. von Preußen; ihm ist der 1706 komponierte Marsch mit dem Text: »So leben wir, so leben wir alle Tage ...« gewidmet.

35
Ihr Buch: Der Roman ›Die schmerzliche Scham. Geschichte eines Knaben um 1900‹ (Berlin: S. Fischer 1913); das Exemplar GBs ist nicht mehr erhalten.

36
»Eines unnahbar Einsamen ...«: Anspielung auf eines der Gespräche zwischen dem zu diesem Zeitpunkt vierzehnjährigen Romanhelden Jörgen Hubertus van Dryn und seinem Mentor Don João, hier über Graphiken von Goya: »Er meinte, all diese Formenknäuel und Linienmächte wohl zu kennen, die – unsichtbaren Kriechern gleich – von einem Kontrast zum andern sich ballten und aus den Massen der Flecke wuchsen –, wo ein heller vom dunklen absetzte, – und erschreckende Formen spulten und wieder hineinkrochen in die Flächen und Tönungen, als lauerten sie mit neuen Tücken auf geängstigte Augen. Jörgen dachte an Vergangenes – ›Nicht wahr, Don‹, fragte er, ›das alles sind Träume, die mit Gott kämpfen?‹ Und eine rasende Begeisterung wachte auf in ihm für den Meister, der alles

dies bezwungen hatte, der da und dort ein Auge heraus-
holte – und Glieder, wie nie der Tag sie erzeugte, – der alles
nur ›immer Wollende‹ in einem herausgestaltete. Und
miteins wollte Jörgen wieder alles nebensächlich vorkom-
men, was der Tag erhellte ... ›Dies ist ein Auserwählter,
gelt?‹ fragte er. ›Eines unnahbar Einsamen blutschwere
Erschauungen sind das‹, sagte Don João; ›aber siehst du,
davon verstehen die meisten Menschen nichts. Sie
schwimmen oben auf Meeren und glauben, unten sei ein
Grund, und wissen nicht, daß alles nur Wasser ist und kein
Ende – oder Ertrinken. Sie glauben, ihr ›Schön‹ und
›Häßlich‹ seien steinerne Gründe, weil ihre Fußsohlen
nicht feingehäutet genug sind, um zu fühlen, daß alles Sand
ist, der ewig wechselt. Sie wittern nicht, daß selbst die
Sonne an sich dumm ist und nichtssagend – samt allem,
was sie erhellt, – wenn nicht Dichter, nicht Maler sie
fühlten mit den Maßen unergründbarer Edelmenschen –.«
(›Die schmerzliche Scham‹. Berlin: S. Fischer 1913; Drittes
Kapitel, S. 245)

37
mit der Burg: Vgl. Anmerkung zu Nr. 17.
die neuen Aktionen: Anspielung auf den bevorstehenden
Kriegsausbruch.
letzten lieben Brief: Nicht erhalten.

38
Ihr langes Schreiben: Nicht erhalten.
Pfingsten: Am 28./29. Mai.
an neuen Arbeiten: Wohl einige der später in der Sammlung
›Ausdruckswelt‹ (vgl. Nr. 71) zusammengefaßten Prosa-
stücke; jetzt in SW IV.

39
Geburtstag: Am 23. November.

Widerwärtigkeiten: Der am 18. März 1938 erlassene Ausschluß GBs aus der Reichsschrifttumskammer. »Die Heeressanitätsinspektion konnte mich auch jetzt noch halten, allerdings war ich aus der höheren Laufbahn ausgeschlossen, konnte keine Kommandeurstellen bekommen und keine Personalfragen bearbeiten. Aber dahin ging mein Ehrgeiz auch nicht.« (›Doppelleben‹; SW V, S. 116)

Meinen . . . Vater: Gustav Benn war am 8. Oktober 1939 im Alter von 82 Jahren in Mohrin gestorben. Zur Beziehung des Sohnes, die im Gedicht ›Pastorensohn‹ von 1917 (SW I, S. 42f.) nur das eine Extrem findet, vgl. die bei Norbert Hinske zusammengefassten Zeugnisse: ›Benns Vater‹ (›Ars et Ecclesia. Festschrift für Franz J. Ronig zum 60. Geburtstag‹. Hrsg. von Hans Walter Stork, Christoph Gerhardt und Alois Thomas. Trier 1989, S. 235–245).

in dem Pyrenäenort: Der von GB am Kirchturm des Städtchens Urrugne, zwischen St. Jean-de-Luz und Hendaye, entdeckte Vers wird bereits im Essay ›Über die Rolle des Schriftstellers in dieser Zeit‹ zitiert (1929; SW III, S. 223, 10–13); er geht, von brieflichen Erwähnungen in diesen Jahren begleitet (vgl. etwa Briefe I, S. 138), auch in das Nietzsche-Gedicht ›Sils-Maria I–II‹ ein (1933; SW I, S. 146, 1–4) und wird im Essay ›Pessimismus‹ von 1943 wiederholt (vgl. die Hinweise in SW IV, S. 720, 40ff.). In Begleitung des befreundeten Berliner Kunsthändlers Franz M. Zatzenstein, dem 1928 die Widmung des Essays ›Kunst und Staat‹ gilt, war GB 1929 und 1930 durch Südfrankreich gereist; den Hinweis auf den Sinnspruch von Urrugne könnte er Seyerlen verdankt haben (vgl. das Nachwort, S. 117f.).

»Tu sais!«: Ein seit dem Pariser Aufenthalt vom März 1925

(vgl. Nr. 14) mehrfach wiederkehrendes Motiv, zuerst im Gedicht ›Die Heimat nie –‹ (1925; SW II, S. 101), dann in ›Entwurzelungen‹ (1925; SW I, S. 113); diese Version zitiert auch die gedruckte Widmung vor dem Heft der ›Gedichte‹ vom Dezember 1935 (vgl. Nr. 21): »Herrn F. W. Oelze in Bremen, Hartwigstraße/ – dunkler als Kreuz ein Pfosten/ trägt die Worte: du weißt«; zuletzt aufgenommen im ›Epilog IV‹ (1949; SW I, S. 323).

40

Brief aus November: Nicht ermittelt.

Salzburg–Graz . . . Wien: Vgl. die Schilderung dieser Reise gegenüber F. W. Oelze am 13. Dezember 1939 (Briefe I, S. 221–230).

die neue Wohnung: Seyerlen war zwischen November 1938 und Juli 1941 Geschäftsführer der ›Münchner Handelsgesellschaft m.b.H.‹. Die polizeiliche Meldekarte verzeichnet vom 1. Januar bis 1. Juli 1935 eine Wohnung in der Kaulbachstraße 85, vom 3. Mai 1938 bis 11. Oktober 1939 in der Giselastraße 22 und vom 11. Oktober 1939 bis 30. August 1940 in der Trautweinstraße 27.

ein Buch: Der Roman des Amerikaners Frederic Prokosch (1908–1989): ›Sieben auf der Flucht‹. Übersetzt von Hans Reisiger (Stuttgart/Berlin: Rowohlt, 1.–5. Tausend November 1939, 6.–8. Tausend Februar 1940). GB empfahl F. W. Oelze die Lektüre am 25. Dezember 1939: »Offenbar ist der Autor noch jung, aber er hat einige fesselnde Formulierungen. Vielleicht bin ich voreingenommen insofern, als die Sache in einem landschaftlich-ethnographischen Milieu spielt, das mich immer sehr interessierte: chinesisch-russisches Grenzgebiet. Versuchen Sie es, wenn Sie Zeit haben.« (Briefe I, S. 224)

41

Novalis: »Leben ist eine Kranckheit des Geistes – ein leidenschaftliches Thun.« (Nr. 597 innerhalb der ›Fragmente und Studien‹ von 1799/1800 nach der Zählung der historisch-kritischen Ausgabe: ›Schriften‹. Band III: Das philosophische Werk. Hrsg. von Richard Samuel, in Zusammenarbeit mit Hans-Joachim Mähl und Gerhard Schulz. Stuttgart u. a.: Kohlhammer 1983, 3. Auflage, S. 659) GBs Quelle ist nicht ermittelt; das Wort wird auch gegenüber F. W. Oelze am 22. April 1940 erwähnt (vgl. Briefe I, S. 228).

Balzac: Gefunden im Roman ›Verlorene Illusionen‹; GB zitiert diese Sentenz auch im Prosastück ›Franzosen‹ von 1939 (vgl. SW IV, S. 257, 20f. mit Hinweis S. 653, 22ff.).

»Das Leben...«: Aus dem Prosastück ›Urgesicht‹ (1929; SW III, S. 212, 8f.).

43

die Adresse: Hamburg 60, Sierichstraße 100, zweiter Stock; das Haus ist unverändert erhalten.

ganz Gräfin Limburg-Stirum: Eine Freundin der Seyerlens in Tittmoning.

den Georg: GBs Lektüre der Monographie von Eugen Georg (1890–?): ›Verschollene Kulturen. Das Menschheitserlebnis. Ablauf und Deutungsversuch‹ (Leipzig: Voigtländer 1930) fand ihren Niederschlag im Essay ›Der Aufbau der Persönlichkeit. Grundriß einer Geologie des Ich‹ von 1930 (SW III, S. 263–277 mit Hinweisen S. 529–533). Am 15. April 1936 erkundigt er sich bei Karl Pagel nach den beiden Büchern: ›Der Mensch und das Geheimnis‹ (Berlin: Safari Verlag 1934) und ›Der Mensch entdeckt die Wirklichkeit‹ (ebd.). Auf eine Lektüre des inzwischen

»eingestampften und auch hintenherum unerhältlichen« Autors weist auch eine Bemerkung gegenüber Oelze am 22. Dezember 1940 (Briefe I, S. 256 f.).

z. B. Breslau: Vgl. das Urteil gegenüber F. W. Oelze am 22. September 1940 (Briefe I, S. 242).

44

Weißenhof: Der Besuch des Oberfeldarztes Dr. Benn galt dem Generalkommando V, an das die Weißenhof-Siedlung 1938 zur militärischen Nutzung abgetreten worden war.

47

die Hamburger Konsumvereine: Hamburg war Sitz der Zentrale der früheren Konsumgenossenschaftsbewegung Deutschlands (3,7 Millionen Mitglieder); die ›Deutsche Arbeitsfront‹ hatte sich das gesamte Vermögen der Verbraucherorganisation angeeignet. Vgl. Anmerkung zu Nr. 63.

48

Gen Osten . . .: Auch als Anspielung auf das Soldatenlied: ›Nach Ostland geht unser Ritt‹ (Text: G. A. von Birkhan, Weise: Herbert Hagemeister).

49

Friedrichroda: GB verbrachte mit seiner Frau zwischen 24. Juni und 10. August einen gemeinsamen Urlaub im Reserve-Kur-Lazarett Schloß Reinhardsbrunn bei Friedrichroda südlich von Waltershausen am Thüringer Wald. »Da meine Krankmeldung in Berlin ziemlich abrupt erfolgte u. gegen meine Absicht oppositionell wirkte, rechne ich damit, dass das O.K.H. mich abgiebt – mit schönen Redensarten u. was sonst dazu gehört. Ein mir bekannter General der Kavallerie nannte neulich diese Dienststelle den ›schwersten Intriguen-Bunker‹, womit er zweifellos Recht hat; u. er fügte hinzu, sie habe das Bestreben, jeden anständigen Charakter zu brechen oder, wenn das nicht gelingt, ihn wieder hinauszusetzen.« (An F. W. Oelze, 4. Juli 1941; Briefe I, S. 278) Nach der Rückkehr nach Berlin trat er am 11. August wieder seinen Dienst im Generalkommando des III. Armeekorps an.

51
»Der durchlauchtigste Fürst...«: Vgl. Anmerkung zu Nr. 57.

52
Schuhe von Breitsprecher: Wilhelm Breitsprecher, Hofschuhmacher-Meister des Königs und Kaisers (damals Berlin, Neue Wilhelmstraße 12–14).

54
Landsberg a. Warthe: Wegen der zunehmenden Luftangriffe war die Dienststelle im Wehrmachtsfürsorge- und Versorgungsamt Berlin-Brandenburg (Fredericiastraße 14–15) in der zweiten Augusthälfte 1943 nach Landsberg an der Warthe (General-von-Strantz-Kaserne), 100 km östlich der Hauptstadt, verlegt worden; von dort aus fuhr GB anfangs einmal wöchentlich nach Berlin. Herta Benn war ihm als »kriegsehrenamtliche Helferin« zugewiesen, sie wohnte zunächst außerhalb der Kaserne.
»Tag, der den Sommer endet...«: Das Gedicht von 1935 (SW I, S. 168).

55

Ihren Brief: Nicht erhalten.

in der Kaserne: Vgl. die Entsprechungen im Prosastück ›Block II, Zimmer 66‹, das GB 1950 seiner Autobiographie ›Doppelleben‹ einfügte (SW V, S. 122–139).

Dies Italien!: Am 24. Juli hatte der Große Faschistische Rat von Viktor Emanuel III. die Abberufung Mussolinis verlangt, dieser wurde daraufhin interniert und am 12. September von deutschen Fallschirmjägern befreit. Der König, der Kronprinz und Marschall Badoglio waren am 3. September ins alliierte Lager geflüchtet. Der Kriegszustand mit Deutschland wurde am 16. Oktober 1943 erklärt.

bei der Wehrmacht: Seyerlen war als Kavallerie-Leutnant der Reserve aus dem Ersten Weltkrieg zurückgekehrt und nahm 1935 und 1936 an Kompanieführer- und Gruppenführer-Kursen des Grenzschutzes in Landshut teil. Im November 1943 wurde er mit dem Rang eines Rittmeisters aus dem Reserveoffizierskorps des Heeres entlassen.

56

Zum Inhalt des Bändchens der ›Zweiundzwanzig Gedichte‹ vgl. die Übersicht in SW I, S. 349. Das Zitat entstammt dem Gedicht ›Welle der Nacht‹ (ebd., S. 188).

57

von Mitte November und zum Jahreswechsel: Nicht ermittelt; GBs Kalender von 1944 vermerkt unter dem Datum des 3. Januar: »Brief von Seyerlen«.

Abfassung von Roman: Die Erwähnung ist das bisher früheste bekannte Zeugnis für die Niederschrift des ›Romans des Phänotyp‹ (vgl. SW IV, S. 388–435 mit Hinweisen S. 758–794).

der weissen Fürstin: Eine Anspielung auf Rilkes Dramolett von 1904; vgl. Nr. 51 und 58.

58

Brief vom 6. VII: Nicht ermittelt. – Seyerlen war von der ›Deutschen Arbeitsfront‹ beauftragt, die von der Reichsregierung angeordnete Auflösung der österreichischen Verbrauchergenossenschaften und ihre Eingliederung in das Gemeinschaftswerk der DAF durchzuführen. Zu diesem Zweck war er vom Spätherbst 1942 an etwa ein Jahr im Nebenführungsstab des Bevollmächtigten der Deutschen Arbeitsfront in Wien II, Praterstraße 8, tätig.

59

Johanniterheim: Herta Benn blieb vom 14. Juli bis 19. August in Bad Oeynhausen, zeitweise bei Jugendfreundinnen ihrer Mutter.
Ihr Heidelberger Haus: Seyerlen hatte 1943 aus der Vermögensmasse des von ihm liquidierten ›Verbandes der südwestdeutschen Verbrauchergenossenschaften e.V.‹ ein Grundstück in Heidelberg, Weberstraße 9, erworben.

60

F. W. Oelze erhielt am 5. Oktober 1945 eine fast gleichlautende Nachricht derselben Hand (vgl. Briefe II/1, S. 5 und 285).
Herta: Die Darstellung im Theorie-Epos von Klaus Theweleit: ›Buch der Könige. Band 1: Orpheus und Eurydike‹ (Frankfurt/Main: Stroemfeld/Roter Stern 1986, S. 16–195) entbehrt dokumentarischer Grundlagen.

61

Ihren Brief: Nicht erhalten.

Ihr Brief vom 19. I.: Nicht erhalten.

»unerwünscht«: GB stand zwar nicht auf der ›Illustrative List of National Socialist and Militarist Literature‹ der für die Kontrolle des Buch- und Zeitschriftenmarktes zuständigen alliierten Oberbehörde ›Information Control Division‹; die beiden Essaybände ›Der neue Staat und die Intellektuellen‹ (1933) und ›Kunst und Macht‹ (1934) sind jedoch in der ›Liste der auszusondernden Literatur. Hrsg. von der Deutschen Verwaltung für Volksbildung in der sowjetischen Besatzungszone. Vorläufige Ausgabe‹ (Berlin: Zentralverlag 1946) verzeichnet. Ein diesbezüglicher Hinweis des Volksbildungsamts in Berlin bewog den Verleger Karl Heinz Henssel im Frühjahr 1946, von einer Veröffentlichung der ›Statischen Gedichte‹ abzusehen.

3 neue Bücher: Ein Prosaband (enthaltend ›Weinhaus Wolf‹ und den ›Roman des Phänotyp‹), die ›Statischen Gedichte‹ und der Essayband ›Ausdruckswelt‹.

Renée: Die Bildhauerin und Zeichnerin Renée Sintenis (1888–1965) war mit GB und Seyerlen seit Anfang der zwanziger Jahre befreundet. – Am 5. Juli 1952 teilte sie Egmont Seyerlen mit: »Benn und ich sprechen manchmal von Dir und dies soll ein Gruss und Lebenszeichen sein.« (DLA)

Kerr in Berlin: Alfred Kerr kam erst im September 1948 aus seinem Londoner Exil besuchsweise nach Hamburg; er starb am 12. Oktober 1948. – Seyerlens Roman trägt die Widmung: »An Alfred Kerr«. GB war zwischen August 1912 und Mai 1913 mit Gedichten gelegentlicher Mitarbeiter an der von Kerr mithrsg. Berliner Wochenschrift ›Pan‹.

Von meiner Tochter: Vgl. Nr. 63.

63

den Brief: Nicht erhalten.

diese Belästigungen: Seyerlen wurde auf Grund des ›Gesetzes zur Befreiung von Nationalsozialismus und Militarismus vom 5. März 1946‹ angeklagt und nach fünfjährigem Verfahren am 12. Juli 1951 als »Belasteter« eingestuft (drei Monate Sonderarbeiten für die Allgemeinheit, 20 % Vermögenseinzug); das Urteil erging, weil er »an der Auflösung der Konsum-Genossenschaften und an der Überführung ihres Vermögens auf die Gemeinschaftswerke der DAF in 4½jähriger Tätigkeit nutzniesserisch mitgearbeitet« habe.

Meine Tochter: Über den Eindruck dieser Besuche von Nele Benn (geb. 1915) Anfang April 1946 vgl. etwa den Brief an F. W. Oelze vom 14. April (Briefe II/1, S. 25–27).

Die literarischen Dinge: Seit Frühjahr 1946 hatten sich gleichzeitig Karl Heinz Henssel, Eugen Claassen, Johannes Weyl, Ernst Rowohlt und Peter Schifferli mit Manuskriptanfragen an GB gewandt.

zur Sekte der »Unberührbaren«: Die auch in anderen Briefen dieser Wochen wiederkehrende Formulierung weist auf das »Paria«-Motiv im ›Ptolemäer‹; vgl. die Entwürfe in SW IV, S. 366.

64

Ihr Brief vom 18 XII 46: Nicht erhalten.

meine Heiratsanzeige: GB hatte Ilse Kaul (geb. 1913) am 18. Dezember 1946 geheiratet.

Die Emigranten: Eine Mitarbeit GBs an der von Gerhard F. Hering geleiteten Zeitschrift ›Vision‹ scheiterte im September 1946 am Einspruch von Alfred Döblin.

»Du stehst für Reiche . . .«: So im ›Weinhaus Wolf‹ (1937; SW IV, S. 231, 18f. mit Hinweis S. 628, 9ff.).

Ihren Brief vom 4. 9.: Nicht erhalten.

Ernst Rowohlt: Der Verleger hatte sich schon am 14. März 1946 mit einem munteren Brief aus Hamburg »gemeldet«, über den neuen »Start« und seine Aktivitäten berichtet und hinzugefügt: »Was machen Ihre Arbeiten? Haben Sie Lust und ist es Ihnen möglich, mit unserem Verlag zu arbeiten?« Einen vierseitigen Lagebericht vom 25. Oktober 1946, auf den sich GBs nicht ermittelte Antwort bezogen haben wird, erwähnt dieser auch gegenüber F. W. Oelze (vgl. Briefe II/1, S. 48–51); darin heißt es am Schluß: »Also lieber Herr Dr. Benn, ich hoffe bald von Ihnen zu hören und bitte Sie, versichert zu sein, dass ich mit aller Frische und Intensität mich für Sie einsetzen werde, und dass es mir ein ganz besonderes Vergnügen sein würde, jetzt wieder für Sie kämpfen zu können. Sind es doch mit die schönsten Jahre, an die ich dabei erinnert werde!« (DLA) Zur Verbindung GBs mit Rowohlt vgl. etwa dessen Empfehlung von Faulkners Roman ›Licht im August‹ vom Oktober 1935 (SW V, S. 437 mit Hinweis S. 799f.) und das Prosastück ›Thomas Wolfe‹ von 1936 (ebd., S. 217f. mit Hinweisen S. 609–611). – Rowohlt hatte 1945 Einzelheiten der Neubegründung seines Verlages mit Seyerlen beraten.

Siemsen: Briefe von Hans Siemsen an GB haben sich im Nachlaß nicht gefunden; die Bekanntschaft mit dem Freund der Bildhauerin Renée Sintenis datiert in die frühen zwanziger Jahre. Unter den Korrespondenzen Seyerlens sind drei Briefe und zwei Karten von Siemsen aus der Zeit von 1924–1931 erhalten.

die U.S.A. Freunde: Erna Pinner, Gertrud Zenzes und Erich Reiss.

In der Züricher »Weltwoche«: Der Aufsatz von Peter Schmid:

›Hinweis auf Gottfried Benn‹ (›Die Weltwoche‹. Zürich. Jg. 15, Nr. 704 vom 9. Mai 1947, S. 5; jetzt in Wirkung wider Willen, S. 219–221).

in der »Neuen Rundschau«: Das Frühjahrs-Heft der damals noch in Stockholm erscheinenden ›Neuen Rundschau‹ enthält von Eugen Gürster-Steinhausen den Beitrag: ›Gottfried Benn. Ein Abenteuer der geistigen Verzweiflung‹ (Jg. 58, Heft 6 vom Frühjahr [Juni?] 1947, S. 215–226; jetzt in Wirkung wider Willen, S. 210–218).

ein neues Prosabuch: ›Der Ptolemäer. Berliner Novelle, 1947‹ (SW IV, S. 8–55 mit Hinweisen S. 275–377).

Mäcen u. Verehrer: F. W. Oelze.

67

60. Geburtstag: Am 20. März 1948.

der Jahrestag: Vgl. das Nachwort, S. 109f.

68

Linderung . . . partikularer Nöte: Seyerlen stand in diesen Jahren mit dem in München lebenden früheren Reichskanzler Hans Luther (1879–1962), Adenauers Berater in Fragen des staatlichen und wirtschaftlichen Wiederaufbaus, und regionalen Vertretern der Christlich-sozialen Union, in Verbindung; eine direkte politische Betätigung war ihm jedoch durch das Spruchkammerurteil untersagt.

Beermann Stockholm: Briefe des Verlegers Gottfried Bermann-Fischer an GB sind nicht ermittelt.

69

als sanfter Heinrich: Zur Druckgeschichte der ›Statischen Gedichte‹ vgl. die in der Neuausgabe von Paul Raabe (Zürich: Arche 1983) mitgeteilten Briefdokumente.

einige junge Ausländer: Alain Bosquet, Alexander Koval und Edouard Roditi, die Herausgeber der 1947–1952 in zwangloser Folge erscheinenden Schriftenreihe ›Das Lot‹ (vgl. GBs Miszelle ›Das waren meine stärksten Eindrücke‹ von 1950; SW V, S. 209 mit Hinweis S. 692f.); eine Parallelstelle zu diesem Brief gegenüber F. W. Oelze am 19. Mai 1948 (Briefe II/1, S. 134).

Der Feind der Substantive: Verschreibung GBs; gemeint ist »Feind der Adjektive« oder »Liebhaber der Substantive« (vgl. Briefe II/1, S. 134).

70

einen . . . Brief: Nicht erhalten.

einen der Drei A.M.: Es blieb bei den Rollenbezeichnungen: ›Der Eine‹, ›Ein Anderer‹, ›Der Gastgeber‹, ›Der junge Mann‹ (›Drei alte Männer. Gespräche‹. Wiesbaden: Limes 1949; künftig SW VII). GB hatte seinen Verleger Max Niedermayer am 12. Dezember 1948 gebeten, auch Seyerlen ein Exemplar des Bändchens zugehen zu lassen.

Näheres darüber: Etwa die Ausführungen im Abschnitt ›Der Glasbläser‹, gipfelnd in der Maxime: »Vollende nicht deine Persönlichkeit, sondern die einzelnen deiner Werke.« (›Der Ptolemäer‹; SW IV, S. 32, 29ff.)

mein Verleger: Max Niedermayer hatte GB am 28. Dezember 1948 mitgeteilt: »Von den Leuten, denen ich die ›Die drei alten Männer‹ sandte, haben inzwischen einige etwas hören lassen. Der Eindruck ist überall sehr stark.« (DLA)

Der Goetheaufsatz: Der Essay ›Goethe und die Naturwissenschaften‹ (›Die Neue Rundschau‹. Berlin. Jg. 43, Heft 4 vom April 1932; SW III, S. 350–384 mit Hinweisen S. 556–566), aufgenommen in die Sammelbände ›Nach dem Nihilismus‹ (Berlin: Kiepenheuer 1932) und ›Der neue

Staat und die Intellektuellen‹ (Stuttgart/Berlin: Deutsche Verlags-Anstalt 1933), erschien als Einzelausgabe mit einer ›Nachbemerkung‹ im Verlag der Arche im Juli 1949 (vgl. SW IV, S. 63f. mit Hinweisen S. 406–409).

»Thermopylae«: Vgl. Anmerkung zu Nr. 19.

71

Zum Inhalt des Bandes ›Ausdruckswelt‹ vgl. die Übersicht in SW IV, S. 490.

72

von Ortega: Der Essay von José Ortega y Gasset: ›Um einen Goethe von Innen bittend. Brief an einen Deutschen‹ war neben GBs Aufsatz im April-Heft der ›Neuen Rundschau‹ 1932 enthalten.

74

seit 1942: Archivalien, die dies belegen könnten, sind im Berliner Document Center nicht erhalten.

75

ohne Tränen hinzunehmen: Anspielung auf das von GB auch in Nr. 41 zitierte Wort aus dem Prosastück ›Urgesicht‹ (1929; SW III, S. 212, 8f.).

76

manches über mich: Im Rechenschaftsbericht Max Niedermayers zum fünfjährigen Bestehen des Wiesbadener Verlages heißt es: »Bereits Ende 1948 wurde an die Freunde des Verlages das erste neue Buch eines politisch umstrittenen und viel befehdeten Autors versandt, der seit 1936 nichts mehr veröffentlicht hatte: ›Drei alte Männer‹ von

Gottfried Benn. Anfang 1949 erfolgte die öffentliche Auslieferung. Für den Verlag war das Erscheinen dieses Buches eine große Befriedigung. Es war sein Bekenntnis zur modernen Literatur und einem der größten deutschen Dichter. Der schmale Band leitete eine Reihe weiterer Werke Gottfried Benns ein. Der Dichter rückte mit einem Schlage in den Mittelpunkt des literarischen Interesses der Welt. Im Jahre 1949 erschienen 95 deutsche Pressebesprechungen, von den deutschen Rundfunkstationen wurden 12 Sendungen über das Werk des Dichters gebracht. Große Besprechungen im Ausland folgten und schließlich auch Übersetzungen.« Der Prospekt enthält einen Ausschnitt aus dem Porträtphoto GBs von Erhard Hürsch und mit Pressestimmen versehene Hinweise auf folgende Titel: ›Frühe Prosa und Reden‹, ›Drei alte Männer‹, ›Ausdruckswelt‹, ›Der Ptolemäer‹, ›Doppelleben‹, ›Trunkene Flut‹ und ›Statische Gedichte‹.

77

Vermerk von Seyerlen: »beantwortet Ostern [13. 4.] 1952«.
in der Klinik: Eine Nachricht fehlt.
Einladungen: Es blieb bei einer Reise nach Meran und einigen Tagen Aufenthalt in München ab Mitte April.

78

Gedanken und Grüsse: Eine Nachricht fehlt.
die Schwerter halten: Anspielung auf das Gedicht ›Dennoch die Schwerter halten‹ (1933; SW I, S. 174).
kleines neues Unternehmen: Eine Schokoladefabrik in Tittmoning.

80
München . . . vorher Stuttgart: Den am 7. März um 11 Uhr im
Süddeutschen Rundfunk Stuttgart (Villa Berg) vor Publikum gehaltenen Vortrag ›Altern als Problem für Künstler‹
(künftig SW VI) wiederholte GB am Abend des folgenden
Tages auf Einladung der Bayerischen Akademie der Schönen Künste im Münchner Prinz Carl-Palais.

83
Band von Paul Bold: Das Bändchen ›Junge Pferde! Junge
Pferde!‹ (Leipzig: Kurt Wolff 1914; Der jüngste Tag, Heft
11) mit seiner Widmung vom 11. März 1914: »Lieber G.B.
Das ist mein Buch« blieb in der Nachlaß-Bibliothek erhal-
ten (DLA; vgl. Katalog 1986, S. 56 und 58).

84
Vorträge: Der Band ›Frühe Prosa und Reden‹ (Wiesbaden:
Limes 1950) enthält u. a.: ›Totenrede für Klabund‹ (1928),
›Rede auf Heinrich Mann‹ (1931), ›Akademie-Rede‹ (1932),
›Rede auf Stefan George‹ (1934), ›Nietzsche – nach 50
Jahren‹ (1950). Ein Widmungsexemplar GBs für Seyerlen
ist nicht ermittelt.

85
Zum Inhalt des Bändchens ›Destillationen‹ vgl. die Über-
sicht in SW I, S. 342.
Zwei Dinge: ›Nur zwei Dinge‹ (1953; SW I, S. 320).
Zerstörung: ›Es gibt –‹ (1952; SW I, S. 258).

86
»– *die weisse Perle* . . .«: ›Welle der Nacht‹ (1940; SW I,
S. 188).

»– *Die Schwalben* . . .*«:* ›Astern‹ (1935; SW I, S. 166).
»– *Leben ist Brücken schlagen* . . .*«:* Vgl. Anmerkung zu Nr. 17.

88

die Melancholie: Das Gedicht ›Melancholie‹ (1954; SW I, S. 285f.), zusammen mit ›Teils – teils‹ zuerst erschienen im ›Merkur‹ (Stuttgart. Jg. 8, Heft 9 vom September 1954, S. 832–834). Nachdrucke in der Tagespresse sind wahrscheinlich.

das Nobel-Committy: Der Nobelpreis für Literatur des Jahres 1955 war an den isländischen Erzähler Halldór Kilian Laxness (geb. 1902) vergeben worden; GB wurde nach mündlicher Überlieferung als möglicher Kandidat erwogen. 1956 erhielt der spanische Lyriker Juan Ramon Jimenez (1881–1958) die Auszeichnung.

den Einöd-Bauern: Vgl. Nr. 15.

89

immer Gewölke der Feuer . . .*:* Aus dem Gedicht ›Mann‹ (1933; SW I, S. 172).

wo alles sich durch Glück beweist . . .*:* Aus dem Gedicht ›Einsamer nie –‹ (1936; SW I, S. 135).

An der Schwelle . . .*:* Aus dem Gedicht ›An –‹ (1953; SW I, S. 263).

90

Ihren Neujahrsgruss: Nicht erhalten.

Leo Matthias: Matthias hatte schon 1949 die briefliche Verbindung zu GB wieder aufgenommen und ihn im Rahmen eines Wiedergutmachungsantrages um Unterstützung durch Bestätigung seiner Angaben gebeten. Der Besuch in der Bozener Straße fand am 17. März statt: »Es war schön, mit Ihnen einen Abend zu verbringen und dabei feststellen zu können, dass Sie gesund und nicht ganz allein sind. Es ist bereits schwer genug allein denken zu müssen. Bitte bestellen Sie Ihrer schönen Frau die herzlichsten Grüsse.« (2. April 1955; DLA) Matthias berichtet darüber in seinen ›Erinnerungen an Gottfried Benn‹ (›Merkur‹. Stuttgart. Jg. 16, Heft 5 (171) vom Mai 1966, S. 435–446, insbes. 442ff.). – Korrespondenz zwischen Matthias und Seyerlen ist aus den Jahren 1914–1924 erhalten (DLA).

Dr. Hoekstra: In seinem Brief vom 20. März 1956 erinnert Dr. Geert Hoekstra (Den Haag, Joan Maetsuyckerstraat 127) an eine »über 30 Jahre« zurückliegende Begegnung und bittet GB, die Tochter seines Freundes Willy Rücker gelegentlich zu empfangen (DLA).

Schallplatten: Seit 1954 las GB bei einigen Rundfunkanstalten eigene Gedichte und Prosa; aus solchen Mitschnitten stellte der Limes-Verlag in Zusammenarbeit mit der ›Deutschen Grammophon‹ Schallplatten her: ›Urgesicht‹ und Gedichte, ›Soll die Dichtung das Leben bessern?‹, ›Die neue literarische Saison‹ und Gedichte.

Fernsehaufnahmen: Als Leiter des Berliner NWDR-Studios hatte Thilo Koch ein neunminütiges Interview mit GB aufgenommen, das vom Deutschen Fernsehen am 3. Mai 1956 gesendet wurde. Der Text dieses Gesprächs bei Thilo Koch: ›Gottfried Benn. Ein biographischer Essay‹. Neuausgabe (München: Deutscher Taschenbuch Verlag 1970, S. 105–110; künftig SW VII).

usque ad finem: »Dem Traum folgen und nochmals dem Traum folgen und so ewig – usque ad finem.« Das Wort des Entomologen Stein im 20. und 35. Kapitel von Joseph Conrads (1857–1924) Roman ›Lord Jim‹ (1900) wird schon am Schluß der ›Totenrede für Klabund‹ zitiert (1928; SW III, S. 200, 15ff.); es war noch als Motto der ›Statischen Gedichte‹ vorgesehen.

»Welle der Nacht«: Vgl. Anmerkung zu Nr. 86.

92

immer Gewölke der Feuer . . .: Aus dem Gedicht ›Mann‹ (vgl. Anmerkung zu Nr. 89).

Das Leidende . . .: Aus dem ›Knabenchor‹ des Oratoriums ›Das Unaufhörliche‹ (1931; SW I, S. 139f.).

ewig im Wandel . . .: Aus dem ›Schlußchor‹ des Oratoriums ›Das Unaufhörliche‹ (1931; SW I, S. 141).

Nicht mehr Stirb . . .: Aus dem Gedicht ›Wer allein ist –‹ (1936; SW I, S. 130).

N A C H W O R T

Am 24. März 1914 um 20 Uhr 30 treten im vollbesetzten
Saal von Paul Cassirers ›Kunstsalon‹ fünf Generationsge-
nossen hinter das Lesepult: Gottfried Benn (1886–1956),
Leo Matthias (1893–1970), Paul Boldt (1885–1921), Alfred
Wolfenstein (1883–1945) und Egmont Seyerlen (1889 bis
1972). Ein Inserat in der Wochenschrift ›Die Aktion‹ hatte
den Abend unter dem Motto ›Die Feindlichen Brüder‹
angekündigt. Längst kennt man einander von den Zusam-
menkünften, die Franz Pfemfert im Café des Westens
regelmäßig veranstaltet, will aber doch, auf Vorschlag
Wolfensteins, dem konfektionierten Expressionismus der
›Aktion‹ einmal unter eigener Flagge entkommen. Welche
Assoziation auch immer bei der Namensgebung Pate steht:
eine Anspielung auf Kain und Abel, die Bruderkämpfe des
Sturm und Drang wie in Schillers ›Räubern‹ oder auch nur
die beiden Raubritterburgen über Braubach am Rhein, –
schon die Komplikationen während der Vorbereitung
machen dem Starrsinn der Beteiligten alle Ehre. Benn fühlt
sich als Galionsfigur mißbraucht. Ohnehin liest er ungern
vor Publikum, steckt zudem in einer veritablen Produk-
tionskrise: »Ich habe nichts ganz fertig und ehe ich mir
nicht die Meerfahrt und einige neue Himmel habe über
das Gehirn spülen lassen, wird es auch nichts.« (Nr. 1)
Widerwillig, und von Seyerlen überredet, liest er dann
doch »einige Gedichte aus der ›Morgue‹ und einige unge-
druckte.«[1] Leo Matthias trägt sein »groteskes« Dramolett
›Der jüngste Tag‹ vor, und Paul Boldt rezitiert Gedichte
seines Bändchens ›Junge Pferde! Junge Pferde!‹[2] Egmont
Seyerlen gibt Partien aus einem Roman zum besten: ›Die

Schmerzliche Scham. Geschichte eines Knaben um das Jahr 1900‹.

Sein aufmerksamster Zuhörer ist der Mitakteur Benn. Erzählkonstruktion und Handlungsverlauf interessieren ihn wenig; da behauptet er auch weiterhin: »Epik *ist* Schiebung. Ganz klar!«³ Seine Begeisterung, die er von nun an über Jahrzehnte hin wiederholt, bestimmt sich aus Seyerlens Nähe zu Prinzipien der eigenen Poetik. Der Arzt Werff Rönne, »umleuchtet von seiner Einsamkeit«⁴, ist ein erwachsener Bruder des Helden Jörgen Hubertus van Dryn, und dieser träumt den Traum einer ungegenständlichen Kunst fast ganz im Tonfall Bennscher Prosastücke: »Ich möchte einmal ein Bild malen: nichts als Farben zwischen arabesken Bändern wie Tulpenblätter – nichts als einen Tanz von Formen wie Frauenhände, wie Mandeln, wie Palmwedel, wie Bambusruten, wie Feigen, wie Dorne, wie Mädchenknie, wie Männernacken – nichts wollt' ich malen als einen Teppich von Schatten und Leuchtungen zwischen Augen und Himmeln hinter Bethulien, zwischen Warmheiten und Kälten und bunten Vogelbrüstchen. Und ich wollte nichts tun, als Räumlichkeiten schälen und Flächen würfeln und Linien singen lassen. – Und eine große Ordnung unter sie stellen.«⁵ Ein Schlüsselwort aus den ›Gehirnen‹ wird genau in diesen Wochen geprägt und klingt doch wie ein Exzerpt aus der ›Schmerzlichen Scham‹: »Wer glaubt, daß man mit Worten lügen könne, könnte meinen, daß es hier geschähe«.⁶ Benn nimmt das Buch als reine »Ausdruckskunst«, wie die Prosa von d'Annunzio, von Heinrich Mann, schließlich sogar Thomas Wolfes Novellen: »Aus der Art, wie geschrieben wird, ergibt sich die Krise, sie ist die Krise. Wie die Dinge angegangen werden, das enthüllt die Abgründe der Zeit und der Überzeit; die Methode des Schreibens, die Aneinanderreihung der Sätze, ihre Wiederholung, ihre Geladenheit, ihr Überschwang –: das selber ist die Ruhe und die Zerstörung.«[7] Entscheidend bleibt das Wortmaterial, seine syntaktischen Kadenzen, die Partien »absoluter Prosa« darin und eingestreute Maximen wie diese: »Ich glaube, jeder Begabte ist eigentlich wahnsinnig und flieht nur vor seinem Wahnsinn in Kunst, in Liebe, in – ich weiß nicht, was. Jedenfalls: Ochsen beleben die Welt.«[8]

Seyerlens Roman fixiert die Krisen-Schilderung der eigenen Pubertät auf erkennbaren Schauplätzen. Stuttgart (der alte »Stutengarten«), die Residenz eines leutseligen Königs nach dem Vorbild Wilhelms II. von Württemberg, dem der Vater des Protagonisten in hoher Staatsstellung dient, heißt hier »Fohlenhof«. Auch die Personen sind nur leicht maskiert. Der Autor selbst spielt die Hauptrolle unter dem Namen Jörgen Hubertus van Dryn, die Mutter heißt Marianna, und Don João, der väterliche Freund, verbindet in sich Züge sowohl von Adolf Hölzel wie von Hans Hildebrandt. Von Jugend auf ist Seyerlen mit der Kunstszene seiner Heimatstadt verbunden, die in jenen Jahren alle Chancen hat, mit Hölzels und Theodor Fischers Ästhetik einer herben Monumentalität das Isar-Athen des Prinzregenten Luitpold zu überflügeln. Seine Mutter Hildegard Seyerlen (1860–1907) ist die Tochter des in Triest lebenden Orientmalers Bernhard Fiedler (1816–1904); sein Vater, Professor Reinhold Seyerlen (1848–1897), wirkt als Organist an der neugotischen Johanneskirche am Feuersee, zugleich ein geschätzter Lehrer für Harmonielehre und Komposition am Königlichen Konservatorium für Musik. Nach dem frühen Tod des Vaters gerät der junge

Egmont unter den Einfluß des schweizerischen Malers Hans Brühlmann, der im Roman Nanno Brümmi heißt. In Brühlmanns Atelier sieht er ganz andere Bilder als die peniblen Veduten daheim: weitgezogen offene Filder-Landschaften, an Cézanne orientierte kantige Porträts und schlaksige Frauenakte. Brühlmann erzählt von seinen Exkursionen auf den Spuren Giottos und nach Paris, dem wegweisenden Eindruck durch die Bildlösungen von Marées und Puvis de Chavannes, seiner engen Freundschaft zu Karl Hofer, Karl Caspar und dem Bildhauer Hermann Haller. Und statt bemühter Honoratiorengespräche werden hier endlose Kunstdebatten geführt, man liest Hofmannsthals Versdramen, Scheerbart, Wedekind und die ›Göttinnen‹ von Heinrich Mann.[9] Aus Sorge über den möglichen Verlust bürgerlicher Werteordnung schickt die Mutter Egmont 1904 zu Verwandten nach Dessau. Vier Jahre lebt er im Residenzstädtchen »Zöppich« seines späteren Romans. Auf die satirischen Berichte über soviel stumpfsinnigen Untertanengeist spielt Gottfried Benn noch an, wenn er den Freund als »großen Dessauer« bezeichnet. (Nr. 34) Seine Militärdienstpflicht leistet Seyerlen bei den vornehmen Zieten-Husaren in Rathenow, ein schneidiger Einjährig-Freiwilliger, der sich während der Stallwache in Schopenhauer vertieft. Kontemplation und Kasinoallüre: eine »reizvolle Combination von Rathenow-Husaren u. Einödsbauern.« (Nr. 15)

Zum Wintersemester 1909/10 übersiedelt Seyerlen nach Berlin, um dort Kunstwissenschaft ebenso zu hören wie Kollegien über Nationalökonomie, Betriebswirtschaft und Philosophie, kein sehr konsequent betriebenes Studium, das der Kriegsausbruch im August 1914 vorläufig beendet. Schon 1909 läßt er in Stuttgart privat ein Versebändchen drucken, lyrische Resultate seiner ausgebreiteten Lektüre, formsicher von Heine zu Liliencron und wieder Goethe wechselnd, mit sorgfältig entlehnten, aber niemals eigenen Tönen darin. 1910 erscheint im Wiener Verlag von Eduard Kosmack ein wunderlicher Einakter in spätrömischem Szenar, halb mozartische Antike, halb symbolistische Harlekinade. Der Titel ›Itremati‹ bleibt rätselhaft, aber Seyerlens Pseudonym »Lamoral Farussi« ist viel zu schön, um wieder vergessen zu werden. Den Vornamen entlehnt er von Goethes historischem Egmont, der Nachname klingt wie ägyptische Zigaretten; das Ganze evoziert den dekorativen Weltausstellungs-Orient seines österreichischen Großvaters Fiedler.

In Berlin erreicht Egmont Seyerlen die Nachricht vom Tod des Mentors Brühlmann, der sich nach Jahren wachsender Schizophrenie am 29. November 1911 in seinem Stuttgarter Atelier erschießt. Was das Leben bisher zusammenhält, kommt in kürzester Zeit abhanden. Seyerlen kennt daraufhin nur ein Thema: sich selbst. Nur die Gestaltungsbreite eines »großen« Werks kann buchstäblich auffangen, was hier zu verkraften ist, ein sechshundertseitiger Entwicklungsroman, den er im Gefolge des ›Peter Camenzind‹ (1904) und der ›Aufzeichnungen des Malte Laurids Brigge‹ (1910) entwirft. Der Titel ›Die Schmerzliche Scham‹ spielt an auf eine Sequenz aus dem dritten Teil der Vorrede zu Nietzsches ›Zarathustra‹: »Was ist der Affe für den Menschen? Ein Gelächter oder eine schmerzliche Scham. Und eben das soll der Mensch für den Übermenschen sein: ein Gelächter oder eine schmerzliche Scham.« Die erste Auflage, also das erste Tausend, verkauft sich gleich nach der Auslieferung im Oktober 1913; der Verlag druckt sofort eine zweite, sie bleibt bis 1924 lieferbar und verschwindet dann, vielleicht auf Wunsch des Autors, aus dem Handel.

Die Resonanz der Kritik auf den Erstling eines Unbekannten kann sich sehen lassen. Franz Blei benennt sofort das klassische Dilemma des »One-Book«-Autors: »Er wird nun wissen, was das Leben lebenswert macht, und nicht mehr Kraft und langweiligen Fleiß daran vergeuden, das Zeug alles hinzuschreiben, was das Leben nicht begehrenswert macht.« Henri Albert urteilt: »Il est expressionniste sans le savoir, exagérant les formes, déplaçant les lignes et tendant à extérioriser son moi jusqu'aux confusions les plus monstrueuses.«[10] Kurt Hiller schreibt Seyerlen über die Schilderung vom Tod der Mutter, mit einem Seitenblick auf Carl Einsteins ›Bebuquin‹ von 1912: »Sie haben in diesem sechsten Kapitel ein für alle Menschen wesentlichstes Ereignis so dargestellt, wie ein Gezählter Geistiger es erleben muss; auch das Groteske (zum Beispiel) an alledem haben Sie so tief und echt und uneinsteinhaft gegeben: dass man das Litterarische (Technische) darüber völlig vergisst, ganz im Erlebnis ist, und Tränen mühsam unterdrückt . . .«[11] Noch 1926 nennt Oskar Loerke dies Seitenstück zum Musilschen ›Törleß‹ in einem Atemzug mit Leopold von Andrian, Richard Beer-Hofmann und Efraim Frisch ein »einsames Werk«: »Jezuweilen treten Dichter auf, die, obwohl sie mit innerer Fülle gesegnet sind, nur selten ihre Stimme erheben, in einem einzigen Buch oder in ganz wenigen . . . In diese Reihe gehört Egmont Seyerlen . . . Wer mit dem Verfasser jung war, dem wird dieses merkwürdige Buch unverloren bleiben. Die Kritik empfand es als Quellenschrift, als das grundlegende Buch zum Thema der differenzierten Knabenseele in ihren letzten, feinsten, unheimlichsten Regungen; sie hörte darin die ganze gewaltige, spontane Gesetz-mäßigkeit des Lebens, die ganze schmerzliche Scham, die der Mensch vor dem Übermenschen ist.«[12]

Seyerlen hatte sich damit zwar ausgeschrieben, aber keineswegs ausgelebt. Der damals dreiundzwanzigjäh-rige Verfasser gehört zu jenen Talenten, die auf jedem ›Aktions‹-Ball tanzen, ein frecher Womanizer, ganz ohne die übliche Attitüde verstockt schweigender »Bedeutung«. Lamoral Farussi charmiert allenthalben: Alfred Kerr, den die gedruckte Widmung seines Buches ehrt, zählt auf ihn als Verteidiger im Kampf gegen die Zensurstreiche des Berliner Polizeipräsidenten Traugott von Jagow. Kurt Hil-ler sucht ihn für das literarische Kabarett ›Gnu‹ und die aktivistischen Ideen in seinem Jahrbuch ›Das Ziel‹ zu gewinnen. Robert Musil bittet als Redakteur der ›Neuen Rundschau‹ um Beiträge. Alfred Wolfenstein dediziert ihm öffentlich das Gedicht ›Beseelung der Welt‹ in seinem Sammelband ›Die Freundschaft‹: »Durchdringender Geist! auch die anderen Körper/Wirst du rasch wie ein Gang durch Schatten/Durchgehn, und weich allen Dingen und Qualen/Augen eröffnen,/Bis sich die härtesten ansehn und strahlen.«[13]

Mit Kriegsbeginn kommen sich die »feindlichen Brüder« aus den Augen. Während Gottfried Benn seit Herbst 1914 in Brüssel als Arzt stationiert ist, »am Rande, wo das Dasein fällt und das Ich beginnt«,[14] und seine Spiegelfigur Rönne weiter ausgestaltet, zieht Egmont Seyerlen mit seinen Kumpanen Ernst Rowohlt und Ulrich Ditzen, dem Bruder von Hans Fallada, als Kavallerist zu Felde.[15] Benn kehrt Mitte 1917 nach Berlin zurück und eröffnet in der Belle-Alliance-Straße 12 eine eigene Praxis, die ihn fort-an als »Tagelöhner in Geschlechtskrankheiten« ernährt.

115

(Nr. 20) Seyerlen wird 1916 in die Türkei zum Stab des
preußischen Generalfeldmarschalls Colmar Freiherr von
der Goltz kommandiert, gehört 1917 zur kaiserlichen Militär-Mission unter General Otto Liman von Sanders, beauf-
sichtigt deren Nachschub als Bahnhofskommandant von
Konstantinopel, dient 1918 als Verbindungsoffizier der
Militär-Mission im Rang eines Leutnants beim Wirt-
schaftsstab in Rumänien.[16]

Als man ihn im April 1919 endlich aus türkischer Gefan-
genschaft entläßt, hat seine Frau Annemarie, eine schöne
und ambitiöse Dänin, die seit 1909 mit ihm verheiratet ist,
Hans Fallada (1893–1947) an sich gezogen. Beide hausen
als Morphinisten miteinander, und »auf Veranlassung von
Frau Annemarie Seyerlen«, wie er selbst festhält, beginnt
Fallada im August 1918 mit der Niederschrift seines
Romans über die ›Leiden eines jungen Mannes in der
Pubertät‹. Mitsamt dem Schauplatz, der Villa Seyerlen in
Berlin-Dahlem (Max Eyth-Straße 22), kehrt die Affäre
noch 1938 in Falladas Roman ›Der eiserne Gustav‹ wieder;
als sexuelle Hörigkeit, die Heinz und Erich Hackendahl an
eine extravagante Französin namens Tinette bindet. Das
Buch erscheint Ende 1919 bei Rowohlt: ›Der junge Goede-
schal. Ein Pubertätsroman‹. Die gedruckte Widmung:
»Frau Anne Marie Seyerlen zu eigen« provoziert Egmont
Seyerlens Scheidung von seiner ersten Frau.[17]

»Wir wenden Deutschland den Rücken u. uns einem
neuen Leben zu« hatte Benn dem Freund im August 1922
aus den Ferien empfohlen. (Nr. 3) Kartengrüße wie dieser sind für die lapidare Mitteilungskultur der folgenden
Jahre charakteristisch. Beide Junggesellen wohnen im Bayerischen Viertel unweit voneinander, Passauer Straße 19
und Regensburger Straße 26. Sie verzichten auf redselige

Briefe, schieben süffisante Zettel unter die Wohnungstür (Nr. 8), tauschen Bücher aus wie Gabriele d'Annunzios Roman ›Lust‹ (Nr. 4) und spintisieren an den Abenden »in bekanntem Stil« (Nr. 5) über die Glazialkosmogonien Eugen Georgs, aus denen Benn Philosopheme für seine Lyrik gewinnt. So wie der »treue der Feindlichen Brüder« (Nr. 2) wird bei allen Lebensbedürfnissen zeitlebens von Gottfried Benn niemand mehr ins Vertrauen gezogen.

Seyerlen, der seine Verachtung für den Kaffeehausbetrieb der literarischen Welt mit Benn teilt, vertreibt zunächst für Variétés und Boulevardtheater im Auftrag der Elberfelder Firma Schlösser & Cramer Bühnenvorhänge, Kostüme und Draperien und agiert bis 1924 erfolgreich als internationaler Großhändler von Wolle und Baumwollgarnen. Gründet eine Radiofabrik, aber sie floriert nicht; wird daraufhin Seefahrer entlang der finnischen Schären; hilft 1925 mit verblüffendem Managergeschick die ›Bekleidungsgenossenschaft deutscher Beamter‹ in eine A.G. umzuwandeln und leitet die Gesamtverwaltung des Finanz- und Rechnungswesens; wechselt 1928 in einen Warenhauskonzern und organisiert bis 1930 als Direktor der ›Gesellschaft für Kredit-Abrechnung‹ das System der Ratenzahlung im großen Stil. Als sich die deutsche Wirtschaftskatastrophe abzeichnet, beauftragen ihn viele Firmen, darunter Kiepenheuer und Rowohlt, mit Konzepten zur Sanierung und Rentabilitätssteigerung.[18] Genauso wie Benns Praxis im Vergnügungssumpf der Inflation am besten floriert, verdient Seyerlen in seinem Beratungsbüro durch Weltwirtschaftskrise und Arbeitslosigkeit ein Vermögen. Gelegentlich, wie im Herbst 1930, ist dann Geld genug da, und er verschwindet in ein Pyrenäendorf, ein

Dreivierteljahr lang, zum Tagträumen. Gottfried Benn besucht ihn in der Bucht von L'Affitenia unweit von Saint Jean-de-Luz gemeinsam mit dem Kunsthändler Franz M. Zatzenstein während einer seiner beiden Reisen durch Südfrankreich. Vielleicht durch Seyerlens Hinweis entdeckt er die Sonnenuhr am Kirchturm von Urrugne bei Biarritz. Ihre stoische Inschrift: »vulnerant omnes, ultima necat« ist von da an aus dem Motivkomplex seines Denkens, vom Nietzsche-Gedicht ›Sils-Maria‹ bis zum Essay ›Pessimismus‹, nicht mehr wegzudenken.

Wo F. W. Oelze seit 1932 zum Vertreter patrizischer Bezirke stilisiert wird, da verkörpert Egmont Seyerlen die Gegenfigur des von Benn nicht minder bewunderten Abenteurers, »Erinnerungen und Bilder an alte und neue Welten, Rothäute, braune Perlentaucher, gelbe Schatten.«[19] Ernst von Salomon schildert in seinem Roman ›Der Fragebogen‹, wie er Seyerlen im Verlagshaus Rowohlt erstmals begegnet: »... ein merkwürdiger Mann, hager, elegant, mit mächtiger Glatze und Nase, der in der ganzen Welt zu Hause war ... nur seine engsten Freunde erhielten manchmal Nachricht von ihm, aus Australien und Südamerika, aus Japan und Alaska – niemand wußte, was er dort eigentlich tat. Nun war er zufällig in Berlin, auf dem Sprung, nach Neuseeland zu fahren, oder nach dem Nordkap oder nach Düsseldorf, es war nicht ganz klar. Er sagte mir, er habe in St. Jean de Luz ein Haus gemietet, aber plötzlich abreisen müssen, nun stünde das Haus leer, ich könnte es unbedenklich beziehen, es sei für ein Jahr im voraus bezahlt.« Salomon genießt diesen Aufenthalt zwischen April 1931 und November 1932 als »les grandes vacances de ma vie«, schließt Freundschaft mit dem »roi des contrebandiers« und gerät gleich in eine von Seyerlen

118

angestiftete Schmuggelei: »Zu Hause zählte ich das Geld, es waren etwa sechzigtausend Franken. Ich hatte noch nie so viel Geld auf einem Haufen gesehen. Und ich hatte keine Ahnung, was für eine Ware ich eigentlich verkauft hatte, wem sie gehören mochte, und wem sie gehören werde, ich hatte aber wohl eine Ahnung, an welch einem Geschäft ich beteiligt worden war. Natürlich mußte die ganze Geschichte irgendwie mit Monsieur Seyerlen zusammenhängen. Ein Blick in die Zeitungen belehrte mich über alle Möglichkeiten. In Marokko regte sich der Scheich Abd el Krim, in Spanien rüsteten sich die Königlichen und die Republikaner zum Bürgerkrieg, sicherlich war in Mexiko etwas los, oder in Honduras, in China sollte es zu Kämpfen gekommen sein, – wenn nicht alles täuschte, so würde es demnächst am Nordpol zu bewaffneten Auseinandersetzungen kommen.«[20] Im März 1951 erscheint Salomons Autobiographie bei Rowohlt. Das dem Gastgeber von einst zugedachte Exemplar trägt auf dem Vorsatzblatt die Widmung: »Für/Egmont Seyerlen/dem sympathischen Genie/(und es war doch eine Waffenschiebung!!)« Und der Verleger setzt als Gruß hinzu: »Sachlich richtig!«[21]

In diesen Jahren wird die Lebenskunst der beiden Lebemänner zynisch. Man gefällt sich in Abschiedsposen, und keine forcierte Beweglichkeit täuscht darüber hinweg, daß die Becher leergewürfelt sind. Nicht von ungefähr schreibt Benn gerade Seyerlen, mitten in seinem Streit um den neuen Staat und die Intellektuellen: »Ich nehme sehr stark Abschied von mir und allem, aus dem wir wurden und das uns schön und lebenswert erschien.« (Nr. 20) Sein Brief vom 27. Februar 1933 gehört zu den zentralen Zeugnissen über die psychologischen Wurzeln einer angeblichen »Ver-

irrung«. Private Resignation, politische Denkunschärfe und
vage Zukunftshoffnungen verquicken sich zu einem schier
unlösbaren Knäuel.

Beider Auswege aus dem Dilemma sind so verschieden
wie ihre Temperamente. Gottfried Benn erfindet sich die
Armee als »aristokratische Form« der Emigration und
denunziert damit jeden, der das Land verläßt, als fahnen-
flüchtigen Plebejer.[22] Egmont Seyerlen bevorzugt die
lukrative Form; er kollaboriert. Als er Benn im März und
Mai 1937 in der Anonymität seiner Hannoveraner Offi-
ziersexistenz besucht, schwelgen beide »Kameraden«, wie
sie sich gern anreden, in der Erinnerung an den kaiserlichen Expressionismus und die Berliner zwanziger Jahre:
»chaotische, aber sehr tiefe und leuchtende Zeit.« (Nr. 24)
Der seinerzeit begehrte Krisenmanager und Unterneh-
mensberater ist nun zum einflußreichen »Wirtschaftsführer« aufgestiegen. Er gilt den neuen Herren als Fachautori-
tät auf dem Gebiet der Verteilungswirtschaft. Seit 1934
hatte Seyerlen den Konsumverein München, ein Zusam-
menschluß gewerkschaftlich organisierter Arbeiter, auf
Druck der ›Deutschen Arbeitsfront‹ und im Sinne des
Gesetzes über die Verbrauchergenossenschaften vom
21. Mai 1935 in eine G.m.b.H. umgewandelt. 1935 projek-
tiert er in der Münchener Wehrwirtschaftsinspektion VII
als Spezialreferent für Versorgungsfragen der Zivilbevölke-
rung »Kriegsspiele, die bei den Mobilmachungen gelegentlich der Besetzung der Ostmark, des Sudetengaues und des
Protektorates ihre praktische Bewährung und Erweiterung
fanden.«[23] Kontakte zu Walther Rathenau hatten einst sein
Interesse an genossenschaftlichen Wirtschaftsformen ini-
tiiert.[24] Als Robert Ley mit dem Reichswirtschaftsminister
Walter Funk im Sommer 1940 den Übergang aller 73

deutschen Konsumgenossenschaften an die ›Deutsche Arbeitsfront‹ dekretiert, wird Seyerlen als Aufsichtsratsvorsitzender der ›Deutschen Großeinkaufs-Gesellschaft‹ und »Leiter des Überführungsstabes« mit der Organisation sämtlicher Maßnahmen betraut. Seine Planung bildet die Grundlage der ›Anordnung zur Durchführung der Verordnung zur Anpassung der verbrauchergenossenschaftlichen Einrichtung an die kriegswirtschaftlichen Verhältnisse‹ vom 18. Dezember 1940 und 24. Juli 1941. Durch Auszahlung der Minimalbeiträge ihrer Geschäftsguthaben werden die fast 4 Millionen Mitglieder des 1903 gegründeten, sozialistisch orientierten Hamburger ›Zentralverbands deutscher Konsumvereine‹ abgefunden. Sämtliche Vermögenswerte der Konsumgenossenschaften in Höhe von 400 Millionen Reichsmark fließen dem ›Gemeinschaftswerk‹ der ›Deutschen Arbeitsfront‹ als einer gigantischen Holding-Gesellschaft zu.

Jedesmal, wenn Seyerlen mit den Berliner Stellen des ›Reichsnährstandes‹, der gewerblichen Wirtschaft und des Reichswirtschaftsministeriums verhandelt, macht er Station in der Bozener Straße, mit einer »dicken Ledertasche voll Esswaren« (Nr. 55), Hummer und Sekt. Beide Freunde tauschen dann Interna zur Zeitlage, Kriegsprognosen aus der Ordonnanzumgebung Keitels, wie das Gedicht ›General‹ sie einfängt, gegen die Machenschaften von Seyerlens Dienstherr Robert Ley. Auch die »Gefährtinnen«, Herta von Wedemeyer und Gusti Herber, freunden sich miteinander an, man schmiedet gemeinsame Urlaubspläne. Selbst in den Landsberger Monaten reißt der Briefkontakt nicht ab; wir verdanken ihm so bedeutsame Mitteilungen wie die über den entstehenden ›Roman des Phänotyp‹. (Nr. 57) Wieviel Gottfried Benn diese Verbindung bedeutet haben

muß, belegt ein Detail: es ist neben Oelze nur Egmont
Seyerlen, der durch einen Boten vom Selbstmord seiner
Frau erfährt. (Nr. 60)

Während Gottfried Benn in den folgenden Jahren seine
politische und künstlerische Position immer trotziger ver-
teidigt – »auch heute bin ich der Meinung, daß der N.S. ein
echter und tiefangelegter Versuch war, das wankende
Abendland zu retten«[25] – muß sich Egmont Seyerlen auf
Grund des ›Gesetzes zur Befreiung von Nationalsozialismus und Militarismus vom 5. März 1946‹ in einem
Spruchkammerprozeß verteidigen. Er hatte zwar noch im
Juni 1942 den Eintritt in die Partei abgelehnt und wurde
von der Gestapo daraufhin in ein Verfahren verwickelt.
Jetzt beweist er nur mit Mühe, bei all den Transaktionen
nicht auch nutznießerisch tätig gewesen zu sein. Benns
taktierende Version seines ›Doppellebens‹ legt Seyerlen im
März 1950, gleich nach Erscheinen der Autobiographie,
mit ergriffenem Dank, aber doch sichtlich desinteressiert
und ohne Lektüre beiseite (Nr. 74), versinkt in Apathie und
Resignation, »nachdem mein Process nach 6 Jahren, die
mich mein Vermögen und meine Gesundheit gekostet
haben, aus dem Hauptschuldigen einen vom Gesetz nicht
Betroffenen statuiert hat.« (Nr. 78) Im oberbayerischen
Tittmoning, nahe der Grenze zu Österreich, hat er seine
Wahlheimat gefunden, bewohnt dort, zurückgezogen und
kaum dem Namen nach bekannt, bis 1964 die erste Etage
eines der schönen Barockhäuser am Stadtplatz, Nummer
36. Ermunterungen wie die Ernst Rowohlts, ihn beim
Neuaufbau des Verlages abermals als Gesellschafter zu
beraten, bleiben ungehört. Ein Gottfried Benn gegenüber
geäußerter Plan, »für Sie, den großen Kameraden, den
großen ›feindlichen Bruder‹ von damals zum Dank eine

Arbeit« zu schreiben, wird ernsthaft wohl kaum erwogen. (Nr. 74)

Mehr und mehr gibt Benn in diesen Jahren nach 1949 seine kultivierte Isolation auf, kehrt als Matador ins literarische Leben zurück und wird, wie Seyerlen nicht ohne Unbehagen registriert, »fast Mode«. (Nr. 75) Gab die Erinnerung an die künstlerischen Gemeinsamkeiten zwischen Jörgen Hubertus van Dryn und Rönne im Weltkrieg der Freundschaft noch Regressionsraum als Schutz vor einer ringsum bedrohlich veränderten Welt, so reproduziert sich die Beziehung jetzt aus ihrer eigenen Nostalgie. Je seltener Benn von sich hören läßt und seine Nachrichten zu höflicher Anteilnahme verkümmern, desto pathetischer und mit prätentiösen Verehrungsfloskeln gespickt, geben sich die erhaltenen Episteln Seyerlens an den »estimatissimo gigante«. (Nr. 78) Als der Großlyriker auf Tournee geht, um auch in München seine Version vom ›Altern als Problem für Künstler‹ vorzutragen, trifft er den »Letzten der Feindlichen Brüder« (Nr. 56) am 10. und 11. März 1954 ein letztes Mal im Bundesbahn-Hotel. Vom neuen Ruhm, dem literarischen »Comeback«, ist da wie zwischen zwei Schauspielern die Rede, ausgiebig wohl auch von den alten Zeiten. Dennoch schützt diesmal alle Wiedersehensfreude nicht vor Entzauberung. Tröstend schreibt Benn am 16. März: »Ich denke unaufhörlich an die beiden tragischen Tage unseres Zusammenseins. Nie in meinem Leben war ich so ermüdet, so zerrüttet wie in München . . . Seien Sie mir nicht böse, wenn ich reizbar und verschlossen war, ich hatte mich dabei so sehr auf Sie gefreut u. habe auch von Neuem den Eindruck gewonnen, dass ich *nur* mit Ihnen gewisse Themen erörtern könnte, die mich bewegen.« (Nr. 83) Damals erbittet Seyerlen noch einmal Paul Boldts

123

Gedichtheft von 1914. Aber so wenig wie bei Gottfried Benn stellt sich, nach vierzig Jahren, die alte Faszination wieder her. Jede erhoffte Reminiszenz geht ins Leere. »Vielen Dank für Junge Pferde. Es ist nicht ganz die Musik wie ich sie noch im Ohr hatte – aus der Zeit bei Cassirer.« Und wiederum: »Sie bleiben für mich der Unverlierbare und Unvergessbare!« (Nr. 84) Nur eine der mechanischen Beteuerungen Lamoral Farussis kann verhindern, daß sich auch die eigene Gestalt langsam aus den fremd gewordenen Bildern der Erinnerung entfernt. Am 6. Dezember 1972 ist Egmont Seyerlen, dreiundachtzigjährig, in Hamburg gestorben. Das Grab auf dem Ohlsdorfer Friedhof trägt seinem Wunsch entsprechend keinen Stein.

ANMERKUNGEN

[1] Vgl. die Zeugnisse in Katalog 1986, S. 49–60. Die Anzeige in der ›Aktion‹, Berlin, Jg. 4, Nr. 12 vom 21. März 1914, Sp. [264].

[2] Leipzig: Kurt Wolff [Januar] 1914; Der jüngste Tag, Heft 15. Von Leo Matthias war in der ›Aktion‹ damals nur erschienen: ›Geburt‹ [Gedicht] (Jg. 3, Nr. 2 vom 8. Januar 1913, Sp. 50 [Gedächtnis-Nummer für Georg Heym, dort auch von GB der Zyklus ›Morgue II‹] und der ›Brief an eine einsame, schwangere Frau‹ (ebd., Nr. 5 vom 29. Januar 1913, Sp. 142f.) – Vgl. Paul Boldt: ›Junge Pferde! Junge Pferde! Das Gesamtwerk. Lyrik, Prosa, Dokumente.‹ Hrsg. von Walter Minaty (Olten/Freiburg: Walter 1979).

[3] GB an F. W. Oelze, 14. Mai 1937; Briefe I, S. 170.

[4] ›Gehirne‹; SW III, S. 29f.

[5] Egmont Seyerlen: ›Die schmerzliche Scham. Geschichte eines Knaben um das Jahr 1900‹ (Berlin: S. Fischer 1913, S. 398).

[6] ›Gehirne‹; SW III, S. 31.

[7] ›Thomas Wolfe‹; SW IV, S. 217.

[8] ›Die schmerzliche Scham‹, S. 347.

9 Vgl. den zweibändigen Œuvrekatalog über Hans Brühlmann von Lothar Kempter, Hansjakob Diggelmann und Jeannot Simmen (Basel/München: Friedrich Reinhardt/Prestel 1985); Band I, S. 109, 310–317, zu den Porträts von Seyerlen Band II, S. 78, 81.

10 ›Die Weißen Blätter‹, Leipzig, Jg. 1, Heft 6 vom Februar 1914, S. 113f. – ›Mercure de France‹, Paris, Band 99, Nr. 405 vom 1. Mai 1914, S. 191. Eine Sammlung meist nicht mehr autopsierbarer Zeitungsausschnitte im Nachlaß Seyerlens. (DLA)

11 Kurt Hiller an Egmont Seyerlen, 31. Dezember 1913. (DLA)

12 ›Die Bibliothek der vierzig Jahre‹. In: ›Das Vierzigste Jahr. 1886–1926. S. Fischer-Verlag [Almanach]‹ (Berlin 1926, S. 26–74, hier 46, 48).

13 So die Schlußstrophe. Ein Widmungsexemplar (Berlin: S. Fischer 1917) im DLA. Vgl. Alfred Wolfenstein: ›Werke‹. Hrsg. von Hermann Haarmann und Günter Holz. Erster Band: ›Gedichte‹ (Mainz 1982, S. 141f. mit Hinweis S. 421); auch das Gedicht ›Unerhört‹ vom Oktober 1913 gilt Seyerlen (ebd., S. 61 mit Hinweis S. 414).

14 ›Epilog und Lyrisches Ich‹; SW III, S. 128.

15 Vgl. Werner Liersch: ›Hans Fallada. Sein großes kleines Leben‹ (Düsseldorf/Köln: Diederichs 1981, S. 106).

16 Nach Angaben in Seyerlens Spruchkammerakten (Amtsgericht München) und einem Lebenslauf. (DLA)

17 Nach Liersch, S. 117, 119, 404f.

18 Nach Angaben in Seyerlens Spruchkammerakten und bei Fritz Walter: ›Schicksal dreier Vorkriegsbücher‹. In: ›Berliner Tageblatt‹, Nr. 406 vom 29. August 1930, 1. Beiblatt; zitiert in Katalog 1986, S. 52f.

19 ›Weinhaus Wolf‹; SW IV, S. 221.

20 ›Der Fragebogen‹ (Hamburg: Rowohlt [März] 1951), Abschnitt 125, S. 555–622, hier 561f., 622, 599). Vgl die Seyerlen betreffenden Varianten in einer Version dieses Kapitels, die vorab unter dem Titel ›Boche in Frankreich‹ als rororo-Taschenbuch erschien (Hamburg: Rowohlt [Oktober] 1950, S. 18–24).

21 Exemplar im DLA.

22 ›Doppelleben‹; SW V, S. 106 und Hinweis S. 597f.

23 Die folgenden Angaben nach Seyerlens Spruchkammerakten.
24 Drei erhaltene Briefe aus den Jahren 1919–1921 betreffen Verabredungen zu Gesprächen in Berlin und Schloß Freien-walde.
25 GB an Max Niedermayer, 6. April 1949; In: ›Briefe an einen Verleger. Max Niedermayer zum 60. Geburtstag‹ (Wiesba-den: Limes 1965, S. 15).

INHALT

Klett-Cotta
© J. G. Cotta'sche Buchhandlung
Nachfolger GmbH, gegr. 1659
Stuttgart 1993
Alle Rechte vorbehalten
Fotomechanische Wiedergabe
nur mit Genehmigung des Verlags
Printed in Germany
Umschlag: Klett-Cotta-Design
Satz: Steffen Hahn, Kornwestheim
Druck: Wilhelm Röck, Weinsberg
Einband: G. Lachenmaier, Reutlingen

Die Deutsche Bibliothek – CIP-Einheitsaufnahme
Benn, Gottfried:
Briefwechsel: 1914–1956 / Gottfried Benn; Egmont Seyerlen.
Hrsg. von Gerhard Schuster. – Stuttgart: Klett-Cotta, 1993
(Cotta's Bibliothek der Moderne)
ISBN 3-608-93269-0
NE: Seyerlen, Egmont:; Schuster, Gerhard [Hrsg.];
Benn, Gottfried: [Sammlung]; Seyerlen, Egmont: [Sammlung]

COTTA'S BIBLIOTHEK DER MODERNE

COTTA'S BIBLIOTHEK DER MODERNE